U0140594

新编

終朝采藍

上

扬之水 著

古名物尋微

三联书店

目次

序 作为诗的物与作为物的诗（李旻）＿＿ 4

唐宋时代的床和桌＿＿ 12

宋代花瓶＿＿ 38

文房四士总相依＿＿ 74

两宋茶事＿＿ 96

四时花信展尽黄金缕：两宋金银器类型、名称与造型、
　　纹饰的诗意解读＿＿ 138

双鬟风袅莲花：蕲春罗州城遗址南宋金器窖藏观摩记＿＿ 188

物中看画：重读《春游晚归图》＿＿ 200

吕师孟夫妇墓出土金银器细读＿＿ 216

序

作为诗的物与作为物的诗

李旻

与扬之水初识于探访福建窑址的路途中。沿途聊些身边人物、考古故事。她为人真挚、博闻、好问，图画得好，笔记精微。回来发现她写作速度惊人，每次见面送给我一叠新作，说的都是古人生活中的寻常物用，文字间流露出一种纯粹的古典韵味，淡雅、深致。后来她让我为她的新文集作序，理由是，每篇都认真读过了，而且能坦率地表达自己的看法。这是当研究生常从老师那里听到的话，但从没听说是写序的理由。我珍惜这份浓厚的友情，也知道她是一个性格坚决的人，就答应下来这件自知不可能做好的事情。

书里的篇章考证古诗文名物，追溯寻常物用在文化史中的变化与物本身的变化两条轨迹的交汇。内容从先秦到明清，而多宋人故事，或从文到物，或从物到文，或是风俗故实。文笔是她一贯的风格，行云流水般，气韵淡远，好像更无我。偶尔幽默一下，意趣横生，令人惊喜。视野广博，考证精深，又举重若轻，了无痕迹。所述好像随机拍摄的平凡的生活特写，但镜头又总是落在这个文明恬静从容的瞬间。读来仿佛走入一间文人的书房，主人刚离开。想到这种雅致的场景在古今的干戈不息中总是那么短暂，就觉得她精心描述的是一种蕴于物中的理想，是这个文明一直怀想的生活。因为美，所以近乎静止。

习惯了演绎推理，总是认为，大概在寻常物用后面有一种对历史和文化的看法贯穿始终。于是仔细研读，欲寻找树叶后面的"枝干"。但扬之水自己说："写这些题目，好像低头捡起一片树叶，然后就开始琢磨，它是从哪里来的呢？最终抬头找到树，也可能没找着。"这个意象很美，因为拾起的片片落叶皆是诗。明亡的时代，常见一种青花碟子，只画一片写意的秋叶，边上写着"落叶无声"，或者"一叶知秋"，我一直都没弄明白它的来历，有时就是这样，叶子还在，树没了。

扬之水说自己"不是从诗学角度探讨诗人之诗，而是欲求解读诗中包含的生活之真实，生活状态之真实"。许多时候，就是在用心说一件小事情。从日常起居到形体姿容，她给那些习以为常的生活细节书写历史，使人们在身边发现传统之流的无所不在和独特魅力。其中"杨柳岸晓风残月"的意境，令人在意想不到而又寻常不过的地方与古人不期而遇，妙趣顿生，实在想不出有什么经国大业能于此间切入。这般"错错落落的精致"，倒让人宁愿"一叶障目"。

扬之水笔下的许多小东西，在传统社会中是礼的依附，例如茶角、诗筒、食盒、春盘、拜匣、名刺，它们不仅是文化风尚的静态写照，而且成为社会实践的一个重要领域，人们在这个动态的领域中通过物的流动和交换来构筑、维系及经营社会关系。那些寄顿诗思的小东西自然成为文人们吟咏的对象。它们蕴含着诗意，又是诗的载体。不论是从一只竹筒中抽出一张诗笺展阅，还是把包裹着茶饼的织锦、竹叶或蜡纸一层层打开，在满室清香中待泉水煮开，诗不是抽象的文字和韵律，而是作为书写融入物的空间：过程、气息和体验。诗意蕴含于对整个过程的体验中，很难说清楚哪里是诗的结束，哪里是物的开始。这些诗本来就是物的一部分，与物一起构成富有层次的、流动的雅致世界，而不仅是对这样一个世界的描述和想象，在物之外。

书中在一组对文房清玩细致的描述里，蕴含着一个历时久远的物质文化变局对生活体验和审美趋向带来的微妙而深远的影响。这便是生活姿态与家具的变化——居室陈设以凭几和坐席为中心转变为以桌椅为中心。从跪坐向高坐具的转变，宋人已有自觉，而扬之水通过对寻常器物的追本溯源，探究生活方式的改变如何牵动了诸多方面的生活细节，由此枝繁叶茂，导致文化传统的变迁。回头再看宋人笔下的人间清趣，"明窗净几，罗列布置""鸟篆蜗书，奇峰远水""端砚涌岩泉，焦桐鸣玉佩"（赵希鹄《洞天清禄》序），历史舒缓的潜流隐现其间。

宋人把这种对平凡琐事的关怀追溯到唐人张彦远，赵希鹄《洞天清禄》开篇即说到这位遍览天下珍藏、作《历代名画记》的作者，还写过一本《闲居受用》，记述身边平凡生活点滴，所谓"至首载斋阁应用，而旁及酰醢脯羞之属"，虽然作者既而感叹"噫！是乃大老姥总督米盐细务者之为，谁谓君子受用，如斯而已乎"，因别立鉴古一项而日之为"清福"；不过依着张彦远自己对气韵的讲求，——"若气韵不周空称形似，笔力未遒空善赋彩，谓非妙也"，想来《闲居受用》中的丛脞"细务"也是写平淡中的意韵，而宋人的"清福"未尝不是与此"细务"之意韵相衔。此后许多谈物的作品，常是国破家亡、物去人非之后的追忆，亦多系于"酰醢脯羞之属"，至深的哀恸，竟也是寄寓于对平凡细物的不舍和依恋。

寻常物用的无穷变化，乃是一个文明的生命力所在。然而，物与心的契合却随着文化的变迁而消散。对物来说，当人们不再用诗筒递送友情，诗意空悬的竹筒便化身为案头静立的笔筒。对于诗来说，失去了所咏之物的语境，却无法获得新的生命——读起来就会显得晦涩，如隔雾看花，不知所指。传统意义上的文献考据并不能克服这个"隔"

的障碍——注释常常把诗拆解成无数的出典，却无法恢复所咏之物的语境和动感，情归物中。扬之水的名物研究真正过人之处，是通过细微的体察和近乎无我的叙事，激活古代寻常物用中诗性的品质与人心中的诗意，使人们在日用常行中感受物中情的真切。当物之美与诗之美随着文化史的转变不再为今人所熟识，她为我们体会其中的深情与雅致，建构了一个个想象的基点。

在许多知识传统中，定名都是一门古老的学问和思想的基石。阿冈本曾引用一位他尊敬的哲人的"定名是思想诗意的瞬间"（terminology is the poetic moment of thought）。[1] 在中国古典传统中，名物一直是经学中的一个分支。对物本身的觉醒与兴致，却是宋人的风尚。在刘敞、欧阳修的倡导之下，北宋学者们开始致力于对古器物进行系统的收集、描述和研究。文房空间的变化"使精致的雅趣有了安顿处"，宋人的疑古思想也为对物与文的双重关注开启了探索之源。

世风好古，北宋文人在他们的金石考古著作中就先讲明白：古器"非特区区为玩好之具而已"（《金石录》序），或"非敢以器为玩也"（《考古图》），更重要的是可以"决经义之疑也"（《金石录》卷十三《爵铭跋》）。疑，所以对史籍书写和流传过程有更清醒的体察："盖史牒出于后人之手，不能无失。"[2] 虽然说"刻词乃当时所立，可信不疑"，可"是非褒贬出于秉笔者私意"，刻词本身也就不可能不失其实。证据是，在北魏郑文公碑上，赵明诚看到郑道昭在远离都城的摩崖碑文

1　Agamben，Giorgio 2009. *What is an Apparatus?* Stanford，CA: Stanford University Press. 第一页。

2　《金石录》序"盖窃尝以谓诗书以后，君臣行事之迹，悉载于史，虽是非褒贬出于秉笔者私意，或失其实，然至其善恶大节，有不可诬。而又传诸既久，理当依据。若夫岁月地理官爵世次，以金石刻考之，其抵牾十常三四。盖史牒出于后人之手，不能无失，而刻词乃当时所立，可信不疑"。

中隐去了朝廷因为其父"治阙廉清"而加的恶谥。他觉得不可思议，却不肯因为碑文乃当时之物而否定史籍之详。[1]大概他已经把那些秉私意、失其实的古籍和金石都当作更广阔的历史的一部分。

宋人金石考古的一个重要工作便是给古器物定名——名物学持"名"以找物，古器物学持"物"以找名，乃至"形制之学实为宋人所擅场，凡传世古礼器之名，皆宋人所定也"（王国维语）。定名源自考察古籍中提到的草木鸟兽鱼虫的名与实，进而研究与典章制度风俗习惯有关的各种器物的名称与用途。古书中对自然的细致分类保存着我们模糊的历史记忆——在混沌的世界中建立规则和秩序，曾是一件多么漫长艰难而生死攸关的事。[2]文物风俗典章制度中则蕴含着古人的观念和理想。当承载它们的物随着岁月尘封而湮灭，就不得不再去穷究名与物的关系，恢复久已离散的语境。

扬之水的名物研究秉承了北宋考古金石学的思想与美学内涵，其核心是定名与相知，从物说到诗与画的世界。因为同行亲历，还包括实地勘察，对古今之变发生的场景有身临其境的感知，足迹超出了周去非、赵汝适所熟识的世界。对比古人的名物考据，她的求新之处在于关注的是诗文和器物间的契合，尝试"在二者的遥相呼应处，接通它们本来应有的联系"，由此，使物在诗中的生命于两者的契合处复活。此即所谓"相知"——从释读文物中蕴含的文化信息开始，达到"与古人有会心之妙"。考证翔实，才能有身临其境之感，而会心之妙还要依附于情和韵。有一位读者说得非常好："说起来，'相知'大概算是做学问的最高境界了，研究者和研究的客体如果可以达到相知和互通的境界，这门学科也就有了灵魂。"这份相知，使人尤思宋人。他们用很重的文思来考古金石，吕大临说"观其器，诵其言，形容仿佛，以追三代之遗风，如见其人矣"（《考古图》）。

论考据翔实，科学方法，宋人或不敌经历了乾嘉学派和现代考古双重熏陶的今贤。论灵气才思，北宋金石人物，如刘敞、欧阳修、赵明诚、李清照之属，却可以说是凌跨百代。对此仍是王国维的评价最为贴切，他说，北宋金石学中的"士大夫亦各有相当之素养，赏鉴之趣味与研究之趣味，思古之情与求新之念，互相错综"。[3] 北宋金石学在"靖康之难"之后迅速衰落，虽然清代复兴，考证也远过于前代，然而"于宋人多方面之兴味，反有所不逮"。

　　思古之情与求新之念，道出宋人金石之美的极致和传统之流中间最富生命力的特质。我想，正是观堂拈出的所谓"兴味"，以及思古之情和求新之念，使扬之水孜孜不倦于名物之学，而与古人相知吧。当我们日渐依赖以科学方法探索这个文明的历史时，这种相知显得那么珍贵——没有它，我们如何体味点滴中久已湮灭的诗意呢。

1　郑文公碑，羲卒，尚书奏谥曰宣，诏以羲虽宿有文业，而治阙廉清，改谥为文灵，碑上说加谥为文，而传载赐谥诏书甚详不应差误，而碑当时所立，必不敢讳其一字，皆莫可知也已（《金石录》卷二十一）。

2　《植物的故事》（ *The Naming of Names: The Search for Order in the World of Plants* ），安娜·帕福德（Anna Pavord）著，周继岚、刘路明译，生活·读书·新知三联书店　二〇〇八年。

3　在《城子崖》序中，李济也谈到情与史的兼容，"治史学的人，并不一定要抑制感情，二者的结合是个技术问题，技术高的史学家就能把他的感情贯注到真实的史实里"。在二十世纪初社会文化大背景的关系下，考古学在中国几乎一诞生就面临着很重的民族使命，因此李济说的情是民族感情，与北宋金石学发生时的那种从容自觉的情境颇不相同。这是时代背景的差异，并非学术思想取向的不同。

新编

終朝采藍

上

唐宋时代的床和桌

小引

由席坐而转为高坐具上的垂足坐是中国家具发展史中的一次大变革，虽只是家具的增高，但在社会生活中引起的变化却很大，比如观念，比如生活习俗乃至礼俗种种[1]，甚至可以说牵一发而动全身，因此这一番变革并非成于一朝一夕，而是经过了一个持久的过渡。

汉承先秦，建筑结构以及室内空间分隔之灵活的基本原则没有很大的改变，只是使席坐时代的家具不断完备与成熟。比如几案之类。有置于帷帐之前的长案，时或延续先秦已有的名称而呼作桯。桯的上面可以更置食案。食案也还可以细分，如无足而方者曰梜[2]（图1），有足而圆者曰槾。桯，其上又可置书几，或书案、奏案。此类小巧的几案多半下置栅足，几面两端或又作出翘头。体量较大的栅足案则陈设于地，多用作置物（图2），其上不妨更陈箧笥乃至柜和橱。属于坐具的隐几或曰凭几，几面多下凹而成一柔和的弧度，其下也常以栅足为支撑，这也是先秦已有的做法。此外汉代又从作为卧具的床中分化出小于床的榻。榻与隐几，便成为日常起居中最为经常的组合，并且以此表明尊卑，——它常常是尊位所在，这时候室内陈设的中心，因此也可以说是榻与隐几。

1　家具增高带来的重大影响之一便是坐姿的改变：由跪坐而易为垂足坐，亦即旧日为人所鄙的踞坐。佛教被人接受，踞坐却很难通行。宋文帝时郑道子与沙门书，论踞食的简慢，以其不合中土礼俗即，即"稽首至地，不容企踞之礼；敛衽十拜，事非偏坐所预"，由此引起一番很是激烈的辩论，与者甚众，最后甚至由司徒王弘以及朝臣奏请宋文帝裁定。事见《弘明集》卷十二。又僧众踞食形状，义净《南海寄归内法传》卷一"食坐小床"条云，"西方僧众将食之时，必须人人净洗手足，各各别踞小床，高可七寸，方才一尺，藤绳织内，脚圆且轻，卑幼之流，小拈随事，双足蹋地，前置盘盂"；"未曾见有于大床上跏坐食者"。

2　如长沙马王堆西汉一号墓出土无足食案。本书照片为观展（《秦汉—罗马文明展》）所摄。

图1　食案　湖南长沙马王堆西汉一号墓出土

图2　山东沂南画像石墓后室石刻（拓片）

魏晋南北朝时期，随着佛教东传而为席坐时代稳定成熟的家具形制带来了若干变革的因素，而此前已经出现的来自西域的胡床，更成家具变化中一个特别有生命力的生长点。传统家具中，席与屏风，也包括各类帷帐，都是可以折叠、方便移动的，胡床的迅速被接受，可折叠而便携，大约也是主要原因之一。南北朝时，胡床用于军中的事例有不少，戎服垂足坐胡床，自然既舒适又方便。《梁书》卷五十六《侯景传》所谓"床上常设胡床及筌蹄，著靴垂脚坐"，是人们经常引用的一条史料，此中之要，一在"著靴"，著靴则传统之跪坐难行也，而这里的"床"，原是起居处的尊位所在。侯景之"床上常设胡床及筌蹄"，是在尊位上另设坐具，而为着著靴垂足坐的方便，但却大反传统礼俗，它被写入正史，也正包含着对此特别的惊异与批判。

一 唐代的"床"

唐代是低型家具与高型家具并行，也是跪坐、盘腿坐与垂足坐并行的时代。不妨以陕西三原唐李寿墓为例。墓葬年代为贞观五年，即公元六三一年。墓中置石椁，象征墓主人生前的寝殿。石椁内壁满布线刻画，茵褥、隐囊、挟轼、筌蹄、胡床，食床、暖炉，棋局、双陆局[1]（图3），画中侍女捧持的诸般器具，表现了当日贵胄家居生活之一般[2]，而家具的时代特征正由此见得鲜明，那么把它作为与后世便于比较的一个标识，也大致合宜。

1　详细考证，见孙机《唐·李寿墓石椁线刻〈侍女图〉、〈乐舞图〉散记》，页 205 ～ 212，《中国圣火》，辽宁教育出版社一九九六年。本书线刻画摹本采自此著。
2　它在生活中可能的情景，以波士顿美术馆藏《北齐校书图》为参照，可得大概。

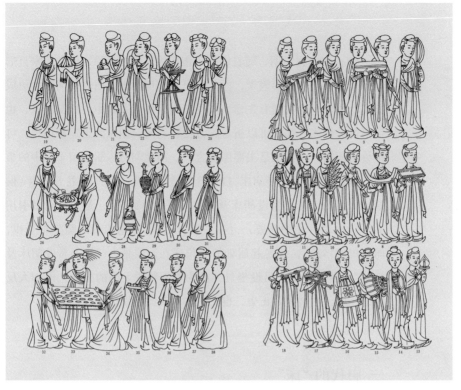

图 3　陕西三原唐李寿墓石椁线刻画摹本 采自孙机《中国圣火》

　　这一时代的家具中，最为特殊的一类是所谓"床"，换句话说，即床的概念变得格外宽泛，——凡上有面板、下有足撑者，不论置物、坐人，或用来睡卧，它似乎都可以名之曰床。

　　比如作为尊位的坐具。《资暇集》卷中"座前"条："身卑致书于宗属近戚，必曰'座前'，降几前之一等。案，座者，座于床也，言卑末之使不当授受，置其书于所座床之前，俟隙而发，不敢直进之意。"作者李匡文是唐末五代人。床作为尊位之坐具原可上溯到东汉及南北朝[1]。尊者"座于床"的情景，在唐代笔记小说中很常见。《太平广记》卷三〇一引《广异记·仇嘉福》："唐仇嘉福者，京兆富平人，家在薄台村，应举入洛。出京，遇一少年"，少年欲与之同行，而引其入华岳庙，"嘉福不获已，随入庙门，便见翠幕云黯，陈设甚备。当前有床，贵人当案而坐，以竹倚床坐嘉福"。所谓"贵人"者，太乙神也。又《法苑珠林》卷六十四引《冥报拾遗录》："唐范阳卢元礼，贞观末为泗州涟水县尉，曾因重病闷绝，经一日而苏，云有人引至府舍，见一官人过，无侍卫，元礼遂至此官人座上，据床而坐。官人目侍者，令一手提头，一手提脚，掷元礼于阶下。"是床在阶上也。两则均为初唐故事。又唐末皇甫氏《原化记》中的"车中女子"，曰一入京应举的书生被两少年强引至一处，"携引升堂，列筵甚盛，二人与客据绳床坐定"，而后有女子乘钿车至，"遂揖客入，女乃升床，当局而坐"。此车中女子，原是一位很有侠气的贼首。几则故事中，除竹倚床和绳床是椅子之外，余之言床者，均是作为尊位的坐具。以唐五代绘画为比照，这里的情景便很容易明白。如敦煌莫高窟第三二三窟北壁的一幅，绘佛图澄为后赵皇帝石虎说法，佛图澄立于左，右设一床，床上设案，石虎的位置，正是"当案而坐"。壁画时代为初唐(图4)。五代卫贤所作《高士图》或者也可以引在这里，画中占据居室中心位置的是床，床两边设凳，床上一具栅足书案，案上放着展开来的书，书帙卷裹着的卷轴置于案足(图5)。所绘坐具与前举敦煌壁画正是大致相同的格局。而《高士图》本来有着刻意求古的成分。

又有一种床，该算一般的坐具。《文苑英华》卷五一〇录崔融《耽书穿床判》，前述事之始末曰："孔安家贫耽书，一座数载不移，故穿床。

1　东汉图例，如山东安丘韩家王封村汉墓发现的画像石，见《文物参考资料》一九五五年第三期封三。后世之御床，即由此发展而来。《宋书》卷十八《礼五》："天子坐漆床，居朱屋。……漆床亦当是汉代旧仪。"同书卷六十三《王昙首传》：高祖刘裕即位，平谢晦，欲封昙首等，"会宴集，举酒劝之，因抚御床曰：'此坐非卿兄弟，无复今日。'"又《南齐书》卷二十六《王敬则传》，云太祖亦即齐高帝成事之先，敬则从之谋废立，苍梧王事件中，至承明门，"随太祖入殿。明旦，四贵集议，敬则拔白刃在床侧跳跃曰：'官应处分，谁敢作同异者！'"

图 4　敦煌莫高窟第三二三窟北壁壁画（初唐）

图 5　《高士图》局部　故宫藏

邑宰以为惰农,遂蒙笞责。廉使谓高贤。"崔融自是廉使意见的赞成者,以为邑宰"徒有望于勤农,终致惭于励学",此且不论,所谓"一座数载不移,故穿床",是床乃坐具也。又《太平广记》卷三十九录《广异记》中的麻阳村人故事,曰辰州麻阳村人,有猪食禾,人怒,持弓矢伺之。后一日复出,人射中猪。猪走数里,入大门。门中见室宇壮丽,有一老人,雪髯持杖,青衣童子随后。问人何得至此,人云:"猪食禾,因射中之,随逐而来。"老人云:"牵牛蹊人之田而夺之牛,不亦甚乎?"命一童子令与人酒饮。前行数十步,至大厅,见群仙,羽衣乌帻,或樗蒲,或弈棋,或饮酒。童子至饮所,传教云:"公令与此人一杯酒。"饮毕不饥。又至一所,有数十床,床上各坐一人,持书,状如听讲。云云。"牵牛蹊人之田",是用着《左传》的典故,见《宣公十一年》。这里的"老人"原是河上公,"童子"乃王辅嗣,到了仙界聚在一处《老子》的注释家于是成为河上公的侍者。唐人笔下的志怪故事多充满人间烟火气,故事中的这一场景也是从生活中来,这里仍不妨援图作注。莫高窟第一三八窟南壁时属晚唐的一幅,绘禅椅,绘衣桁,衣桁前面绘一张床,自是卧床,与它相对的两具小床,"床上各坐一人",其情景与麻阳村人眼中所见似乎相差无几。此中另有一个值得注意的细节,便是禅椅与坐具的床并行,然而坐姿无异(图6)。

　　平居宴饮时用为坐具的床,形制与卧床并没有太大的区别,不过陈放的场合及附加的陈设不同而已,如故宫藏《韩熙载夜宴图》,如波士顿美术馆藏宋摹《北齐校书图》[1]。张鷟《游仙窟》中说到主人公与十娘、五嫂见面后相随上堂,堂设八尺象牙床和文柏榻子,三人

1　唐封演《封氏闻见记》卷十"务尚"条记萧诚以己书谎称右军墨迹诈李邕,邕信为真,"数日,萧默候邕宾客云集,因谓李曰:公常不许诚书,昨所呈数纸,幼时书,何故呼为真迹,鉴将何在?邕愕然曰:试更取之。及见,略开视,置床上曰:子细看之,亦未能好"。忖此情境,似与《北齐校书图》所绘略相仿佛,此"床"与彼"床",正不妨对看。

新编
终朝采蓝
上

图 6　敦煌莫高窟第一三八窟南壁壁画（晚唐）

会饮便周旋于此间。其后主人公与十娘偕往卧处，方有共眠之床，乃屏风、彩幔、香囊、枕席，一一布置。《夜宴图》所绘与之仿佛，只是做成了连续的画面。但力求写实的画家并没有因此把细节忽略，他特别为卧床仔细画出帐幔及其床侧就寝用作挂衣的衣桁，而这也正是宴席坐具与寝处卧具的区别所在（图7）。

　　此外一种异物之具也常称作床。唐人传奇《虬髯客传》曰虬髯客宴李靖、红拂于中堂，"家人自堂东舁出二十床，各以锦绣帕覆之。既陈，尽去其帕，乃文簿钥匙耳"[1]。又唐张固《幽闲鼓吹》曰朱崖邀饮杨钦义于中堂，"而陈设宝器图画数床，皆殊绝""起后皆以赠之"。又《太平广记》卷一一五录《广异记》中的李洽故事曰：山人李洽自都入京，行至灞上，逢吏持帖云："追洽。"洽视帖，文字错乱，不可复识，谓吏曰："帖书乃以狼藉。"吏曰："此是阎罗王帖。"洽闻之悲

图 7　《韩熙载夜宴图》局部　故宫藏

泣，请吏暂还，与家人别。吏与偕行过市，见诸肆中馈饎，吏视之久，洽问："君欲食乎？"曰："然。"乃将钱一千，随其所欲即买，正得一床。与吏食毕，甚悦，谓洽曰："今可速写《金光明经》，或当得免。"[2] 这一类异物之床，或者均为矮足之案。

矮足之案中又可以大略分出食床与茶床。朱庆馀《题任处士幽居》："惜与幽人别，停舟对草堂。湖云侵卧位，杉露滴茶床。山月吟时在，池花觉后香。生涯无一物，谁与读书粮。"[3]"湖云侵卧位，杉露滴茶床"，其茶床式样大约即如辽宁省博物馆和台北故宫博物院各藏一幅的《萧翼赚兰亭图》所绘，为长方形的四足小矮床，陆羽《茶经》中说到的"具列"，也是此物。

1　南北朝时或已如此，《北齐书》卷三十《高德政传》，曰德政将被难时，其妻"出宝物满四床，欲以寄人"。此置放宝物之床，应非卧床，所谓"出"，与《虬髯客传》之"异出"意思相同。《北齐书》为作者李百药在其父李德林未完成的《齐史》旧稿基础上增删完成，李德林经历了齐、周、隋三朝。
2　据中华书局点校本《广异记》，"正得一床"，明钞本作"止得一味"（页 31，一九九二年版）。或正出自对"床"字的不理解而径改。
3　《全唐诗》，册一五，页 5871，中华书局一九六○年。

关于食床，见敦煌文书《辛未年正月六日沙州净土寺沙弥善胜领得暦》（以下简称《暦》）："新六脚大床壹张，方食床壹张，新牙床壹，新踏床壹，故踏床壹，又故踏床壹，无当头，肆尺小踏床子壹，画油行像床子柒个，新方床子壹。"（伯·三六三八）这是把食床与他床并列而显出区别，可见各有形制与用途的不同。唐代食床目前可以判明形制的大约有两种，前举李寿墓线刻画所绘下为壶门座者是其一[1]。又日人寺岛良安编《和汉三才图会》，"食床"条为之绘出一个四足的小方桌，释之曰"饭台"，虽然时代后此很久，但依《暦》中的形容，且以茶床为参照，二者形制应相去不远。《暦》中的"辛未年"，乃公元九一一年。而此际食床似乎正有过渡为桌子的趋向。五代诗僧齐己《谢人寄南榴卓子》："幸附全材长，良工剧器殊。千林文柏有，一尺锦榴无。品格宜仙果，精光称玉壶。怜君远相寄，多愧野蔬粗。"[2] 锦榴，亦即诗题中的南榴，乃瘿子木[3]，以有天然纹理而为时人所喜。所谓"一尺锦榴无"，是瘿子木鲜有大材也。或云此为陈列祭品的高桌之属[4]，似非。诗中所咏均与祀事无关，"仙果""玉壶"，都是酒食的美称，后面的"野蔬"正作谦辞与它对应，则"南榴卓子"自是作为日常用具的食床之类，不过以"卓子"之称而显得格外引人注目，从这里却也正可捕得观念转变的一点消息。

总之，席坐时代家具的完备与成熟在魏晋南北朝时被打破，唐代作为转型期，家具名称、功能之间的区别变得模糊，或曰不很确定，同样的名称之下，却未必有与之严格对应的器具，关于床的若干事例，

1　就用途言，它称作食床；就形制言，它当时也称作牙床。

2　《全唐诗》卷八四三。

3　左思《吴都赋》"楠榴之木，相思之树"，李善注："南榴，木之盘结者，其盘节文尤好，可以器器。"方以智《通雅》卷三四曰楠榴即豆斑樱木，"盖木有瘿瘤，取其材多花斑，谓之瘿子木，书作樱子木"。

4　宿白《白沙宋墓》，页 120，文物出版社二〇〇二年。

正是反映了这一点。

二 宋代茶床

五代与宋相衔，成为低型家具向高型家具转变的接近完成的过渡期。唐代概念笼统的床，在宋代逐渐完成了分化和定型：一部分成为名称与用途都大致明确的榻；而下为壸门座者，则增加高度，从它原有的功能之一中独立出来，演变为大型书案，——此类书案以南宋绘画为多见，如台北故宫博物院藏传宋人《梧阴清暇图》，又传刘松年《撵茶图》。

两宋一个重要的改变是垂足坐的通行，它并且进入一向保守的礼制系统。《宋史》卷一四四《仪卫二》"宫中导从之制"条，述太平兴国初年时的步辇制度，云"乘辇，则屈右足，垂左足而凭几，盖唐制也"。这当然不是唐制，宋摹阎立本《步辇图》可以为证。庄绰《鸡肋编》卷下："古人坐席，故以伸足为箕倨。今世坐榻，乃以垂足为礼，盖相反矣。盖在唐朝，犹未若此。按旧史《敬羽传》：羽为御史中丞，太子少傅、宗正卿郑国公李遵，为宗子若冰告其脏私，诏羽按之。羽延遵，各危坐于小床。羽小瘦，遵丰硕，顷间，遵即倒。请垂足。羽曰：尚书下狱是囚，羽礼延坐，何得慢邪？遵绝倒者数四。则《唐书》尚有坐席之遗风。今僧徒犹为古耳。""旧史"，即《旧唐书》，此见该书卷一八六《酷吏下》。"遵绝倒者数四"，原书下并云："请问，羽徐应之，授纸笔，书脏数千贯。"敬羽是肃宗时颇见委任的酷吏，其创制的种种酷刑令人发指，唯李遵以勋旧而使羽不敢放肆，于是以礼待之而实为折磨，遵因不堪其"礼"而把脏数供出。庄绰拈出此则以明唐制，却更教人觑得这里的唐宋之别。

　　不过以士人对古典的依恋而不免把过渡期一再挽留，虽然终于缓慢走进高型家具为绝对主流的时代，但低型家具时代的若干遗风却始终没有完全从时尚中淡出。它成为一种程式化的叙事语言，或图像学中的一种符号，保存在诗词里、绘画里，不仅使作品不失高古之标格，且总在指引后人对古典的持守与传承。但即便如此，保守古意的坐榻凭几的艺术形象也不再有跪坐的姿势，这便是《鸡肋编》亦即宋人眼中"古人"与"今世"的界限。

　　茶床的使用在两宋依然很流行，式样也没有太多变化，但功能却日益明确，即专用于摆放茶酒食。张师正《倦游杂录》："木馒头，京师亦有之，谓之无花果。状类小梨，中空。既熟，色微红，味颇甘酸，食之大发瘴，岭南犹多，州郡待客，多取为茶床高饤，故云：公筵多饤木馒头。"筵席"高饤"，看果之属，如《梦粱录》所记[1]，宋人画作中也常常绘出，如台北故宫博物院藏宋徽宗《文会图》。又《钱氏私志》记钱光玉尚仁宗女庆寿公主事，云府第"画堂上有斗八藻井，五色彩画，花砖砌地，衮砧屏风，画白泽图，左设通珠（四库本作'硃'）五明金撮角倚子、茶床，排当即施，用银；右设黑光五明金银镀撮角倚子、茶床，排当即施，用银。子孙两向分昭穆坐。服用之物，酒食器外，如洗漱之类，贤穆者，金；光玉者，银，未尝错乱"[2]。贤穆，庆寿公主。排当，即宴会。曰"排当即施"，则平日不施可知。又《倦游杂录》"茶床谜"条："陈恭公以待制知扬，性严重，少游宴，时陈少常亚罢官居乡里，一日上谒，公谓曰：'近何著述？'亚曰：'止作得一谜。'因谓之曰：'四个脚子直上，四个脚子直下，经年度岁不曾下，若下，不是风起便雨下。'公思之良久，曰：'殊不晓，请言其旨。'亚曰：'两个茶床相合也。''方欲以此为对，然不晓风雨之说。'亚笑曰：'乃待制厅上茶床也。苟或宴会，即悭值风，涩值雨也。'公为之启齿，复为之开樽。"陈恭公，陈执中也。由此可知茶床是临时陈设的酒食桌，平日则桌面相对叠在一起，放在不相干的处所即所谓"四个脚子直上，四个脚子直下"，而陈待制本来也是由此一下子想到谜底。但以茶床每为游宴亦即户外宴会而置，因有风之日摆不得，有雨之日摆不得，若待制难得的游宴之兴偏与难得之风雨相值，岂不是经年度岁"下"不得。唯陈恭公始终不悟这里幽默中的讽意，因此百思不得其解。蔡絛《铁围山丛谈》卷一："顷有老内侍为愚道，昭陵游幸后苑，每独置一茶床，列肴核以自酌。"昭陵，宋仁宗也。两事正好互相发明。

出游而以茶床相随，其情景也可以援画为证，如故宫藏南宋无款《洛神赋图》（图8）、《春游晚归图》（图9），又台北故宫博物院藏传刘松年《西园雅集图》（图10）。宋人笔下带着叙事意味的绘画常常写实成分为多，用来与史实对照便每有契合。《西园雅集图》绘北宋故事，即王诜庭园中的一次群贤聚会。两米余的一幅长卷，其中从者荷物过溪桥的一段，绘抬"行具"者二，顶食盒者一，肩打扇挟棋盘者一；与桥上几人相呼应者，肩负茶床，正在桥头回首顾望。《洛神赋图》虽是古典题材，但舆服却并非尽从与故事相应的古制，而是多援"今典"，如随从中的行具，如照例与行具结为一组的茶床[3]。与传世绘画一致的一

1　该书卷三：四月，度宗初九日圣节，"翰林司排办供御茶床，上珠花看果"。

2　《说郛》涵芬楼本卷四十五。按"子孙"句前原有"泥幰帐设"四字，此据四库本删。

3　或曰此是机凳（王世襄《明式家具研究·文字卷》，页27、28，香港三联书店一九九五年），但机凳与交椅以及随行挑负的茶酒具，并不构成组合。此外容易与之混淆的还有一种名为"驾头"，亦即上马机子，不过它在宋代已成"法物"而属之于卤簿仪仗。《宋朝事实类苑》卷三十三："正衙法座，香木为之，加金饰，四足堕角，其前小偃，织藤冒之。每车驾出幸，则使老内臣马上抱之，曰驾头。"又《西湖老人繁胜录》："驾头用朱红圆兀子一只，以绣袱盖，阁门捧于马上，二边各有从人扶策。"又《梦粱录》卷一，紫棠官一员，"系阁门寄班，乘马，捧月样绣兀子，覆于马上，天武官十余，簇拥扶策而行，众喝曰：'驾头。'"（按冯汉骥《驾头考》于此有详论，见《冯汉骥考古学论文集》，页897，文物出版社一九八五年。）与这里的情景不合。此外值得注意的是，《钱氏私志》云：庆寿公主"有荆雍大长公主牌印，金铸也；金鞍勒、玛瑙鞭、金撮角红藤下马机子。闻国初贵主犹乘马，元祐以后不铸印，亦无乘马仪物"。

图 8 《洛神赋图》局部 故宫藏

图 9 《春游晚归图》局部 故宫藏

图 10 《西园雅集图》局部 台北故宫博物院藏

个实例，为彭山县亭子坡南宋虞公著夫妇合葬墓中发现的一组浮雕作品，即西墓室享堂东、西两壁分别安排的出行图和备宴图[1]。

"椅的开始，最迟当在唐代，初用之时，似乎多在室外"[2]，宋代每见于士大夫生活中的椅子与茶床的组合，大约也是先施之于户外，且多用于游宴，而这正是都城市井饮食店铺铺设桌凳之风气的另一种赋予了风雅之韵的表现形式[3]。这一风尚最后影响到皇家制度。《宋史》卷一四四《仪卫二》，皇太妃出入仪卫，中有"诸司御燎子、茶床，快行亲从四人"，这是哲宗绍圣元年以枢密院建言而增设的诸般事项之一。那么它正好可以作为家具变化诸环节中一个很有参考价值的时间标尺。

作为接近完成的过渡期，宋代家具名称与功能的对应逐渐趋向细致和明确，且在一次一次的分化中使品种不断增加与完备。不过变化中一个保持不变的原则是室内陈设的自由与灵活，因此进入日常生活的高型家具，也多保持着可以方便移动的特性，如椅子和桌。对于士人来说，一桌一榻或一把交椅，便随处可以把起居安排得适意，可室中独处，也可提挈出行，或留连山水，或栖息池阁。可坐可卧，闻香，

1　四川省文物管理委员会、彭山县文化馆《南宋虞公著夫妇合葬墓》，页 393，图一二；页 394，图一三，《考古学报》一九八五年第三期。

2　《白沙宋墓》，页 119。

3　《白沙宋墓》："从晚唐五代开始用桌椅，至北宋中叶以后桌椅相当普遍，此二百多年间，桌椅之使用及其布置已有所改变，如《韩熙载夜宴图》所示一人坐椅或一人单椅独据一桌，而此三墓所示则为一桌二椅之二人对坐。此种一桌二椅之二人对坐之布置，从张择端《清明上河图》和宋人《雪山行旅图》、宋人《文姬归汉图》中观察，可以推知为当时店铺，——特别是饮食店铺之一般安排。欧阳修《归田录》卷二和孟元老《东京梦华录》卷四所记北宋汴京酒楼内部布置也正如此。而此时期之文献记载及传世唐宋各种绘画中，却从不见一般家庭、官舍和寺观中作如此安排者，因疑此种变动，或即渊源于当时城市中到处开设之饮食店铺。"（页 114）此说是也。不过见于"此时期之文献记载及传世唐宋各种绘画中"的茶床与椅子的组合，正可为此番考察补充一个重要细节。

图 11 《高阁观荷图》局部 朵云轩藏

听雪[1]，抚着风的节奏，看花开花落。如朵云轩藏《高阁观荷图》（图 11）、台北故宫博物院藏《风檐展卷图》、故宫藏《荷亭对弈图》，等等。当然这是宋人用诗和画构筑起来的田园之思，其中自然很有理想的成分，但此中反映出来的生活真实，是椅子和桌终于结为固定组合，在长久的演变过程中完成了家具陈设的一种新格局[2]。

三 关于"鹤膝棹"

茶床在宋代与桌并行，而从中又变化出小而轻便的高桌[3]，这一分化在五代已见端倪。其中很有特点的一种或者可以说是鹤膝棹。在由席坐向高坐具过渡的过程中，家具的有无固定位置，是前后变化的一大关捩，而鹤膝棹的使用即是可以反映这一变化的一个例子。

"鹤膝棹"之称见于《南宋馆阁录》。该书卷二《省舍》节曰，秘阁五间，"阁后道山堂五间，九架"。注云："堂两傍壁画以红药、蜀葵。中设抹绿厨，藏秘阁、四库书目。前有绿漆隔三十扇，冬设夏除。照壁山水绢图一，又软背山水图一，有会集则设之。紫罗缘细竹帘六。钟架一并钟一口。黑光偏凳大小六，方棹二十，金漆椅十二。板屏十六，绢画屏衣一，鲛绡缬额一。鹤膝棹十六。壶瓶一，箭十二。大青绫打扇二，小绫草虫扇十五，夏设。黑光穿藤道椅一十四副。"关于鹤膝，原有两指，其一指兵器中矛的一种。《方言》卷九："矛骹细如雁胫者，谓之鹤膝。"左思《吴都赋》"家有鹤膝"，刘良注："鹤膝，矛也，矛骹如雁胫，上大下小，谓之鹤膝。"其一为竹名，见于宋人所作《淳熙三山志》和《笋谱》，元李衎《竹谱》卷五："鹤膝竹，又名木槵竹，生杭州西湖灵隐山中，节密而内实，略如天坛藤，间有突起如鹤膝。"鹤膝棹，当是取鹤膝竹的形象而用来形容中间突起若竹节的桌子腿。

鹤膝桌子的形象，五代画作中即已出现，如河北曲阳县王处直墓

---

1 梅尧臣《苏子美竹轩和王胜之》句云"谁怜青青枝，下有暗叶堕。我期霰雪时，来听幽声卧。应当为设榻，勿使赏心刬"。北京大学古文献研究所《全宋诗》，册五，页2840，北京大学出版社一九九八年。又杨万里《庆长叔招饮，一杯未釂，雪声璀然，即席走笔赋十诗》句云"长廊尽处绕梅行，过尽风声得雪声"。同上，册四二，页26260。

2 如《白沙宋墓》所论，桌椅类家具从出现到成为居室内的陈设，"皆经有一段甚长的过程"，其中以椅子为早，"最迟当在唐代，初用之时，似乎多在室外，有时且与绳床相混，至于使用之人，又多具特殊身分"（页119）。而桌子的出现比椅子要晚，椅子和桌的固定组合，则更晚。

3 《白沙宋墓》曰"桌源于汉代之案"（页120），似不确。该条下举诸例，均是后世条案之渊源，实与高桌无涉。

壁画[1]（图 12）。又有故宫藏旧题唐卢棱伽实为宋人之笔的《六尊者像》
（图 13），宋徽宗《听琴图》（图 14），台北故宫博物院藏《宋时大理国
描工张胜温画梵像》[2]（图 15），又宋《人物图》（图 16）。而由《人物图》
尤其可以看出它的布置。

　　图的中心一张榻，前置一个小踏床，后立一架大插屏，榻上设凭几。
近旁的鹤膝桌上一个砚台，两碟酒果，一副台盏，童子方持酒注向盏
中注酒。左侧稍后是莲花托座承起的风炉，炉上坐着铫子。稍前的鹤
膝桌上放着一具盝顶匣，又台盏一副，上面扣着酒罩[3]。桌子旁边的木
座上放着扎起口来的长瓶。榻的右侧又是鹤膝桌两张，上面放着两函书，
又卷轴四，棋盘一，棋盒一对，古琴一张，桌旁一个藤墩[4]。中间是山
石台上的盆花。画作最可注意处是鹤膝桌子的安排，特别是拼合在一
起的两张，《南宋馆阁录》记五开间的道山堂中设"鹤膝棹十六"，它
的陈设，如《人物图》里的拼接式大约也是其中之一。这又似乎是宋
代室内陈设中一种经常的做法，黑龙江省博物馆藏《蚕织图》的"谢
神供丝"一幅中，也可以看到这种拼合（图 17）。更有宋黄伯思的《燕
几图》为证，其以形制和高矮相同，唯长宽不等的七张小桌，安排为

1　河北省文物研究所等《五代王处直墓壁画》，彩版二二，文物出版社一九九八年。
2　李昆声《南诏大理国雕刻绘画艺术》，图二三四，云南人民出版社等一九九九年。
3　酒罩，宋有其名也，王安礼《酒罩》诗："妙绝因（一作应）心匠，华堂此集英。轻尘
　　避绿蚁，密影占香琼。醉à陶彭泽，狂如阮步兵。甕头篱菊下，弃掷任纵横。"《全宋诗》，
　　册一三，页 8686。
4　《明式家具研究》叙述明代酒桌来历，曾举出此图："酒桌以案形结构为常式，仍不外乎
　　夹头榫和插肩榫两种造法。其由来已久，前者可参阅五代顾闳中的《韩熙载夜宴图》，后
　　者如《天籁阁旧藏宋人画册·羲之写照》图所见。""它们显然是案形结构，却被称为'桌'，
　　可谓是命名上的一个例外。此名的由来，尚未查到文献根据，但古画所见，多用以陈置
　　酒肴，明人画本更为常见，故名曰酒桌，自有其来历。"（页 51）按《羲之写照》即本篇之
　　图 16。明代酒桌之命名，鹤膝桌之"桌"字，可以说昭示其渊源。有意思的是，明代称
　　作"酒桌"的这一类，在宫廷陈设中尚有另外的用途，即其上覆以黄云缎桌帷，置放宝玺，
　　便称宝案；置放诏书，便称诏案（朱家溍《明清室内陈设》，页 13，紫禁城出版社二〇〇
　　四年）。如此灵活使用的方式，可以认为仍是宋代遗风。

图 12　河北曲阳　图 13　《六尊者像》局部 故宫藏　图 15　《宋时大理国描工张胜温画梵像》局部
县王处直墓壁画

图 14　《听琴图》局部 故宫藏

新编
終朝采藍
上

图16　宋《人物图》台北故宫博物院藏

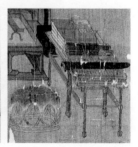

《人物图》局部　　　　　　《人物图》局部　　　　　　《人物图》局部

室内各种形式的陈设，即所谓"创为二十体，变为四十名，因体定名，因名取义"，如一之体有三，曰函三、曰屏山、曰回文；又七之体有二，曰排峦、曰小布算，诸如此类。"率视夫宾朋多寡、杯盘丰约以为广狭之制"，总之是求其"纵横离合，变态无穷"。图前并有关于桌子的说明："卓之横数不宜大，广则倍

图 17 《蚕织图·谢神供丝》黑龙江省博物馆藏

数太长。欲狭，亦止于一尺七寸，其长准此倍之。卓脚以低小为雅，其图以五寸六七分为准。俗工每泥己见，为卓必放脚阔，两卓相并，中即开缝，须当敛下，广狭与上同，则纵横布置无不齐矣。"所谓俗工的"卓必放脚阔"，即《营造法式》卷五柱制中的"侧脚"[1]。虽然《燕几图》近乎游戏之作，朋友间看了觉得有意思，便赞许传布，在实际生活中也许并未推广，但却由此见出宋代家具与起居布置的一个很重要的特点[2]。与茶床的用法相比，彼是会集方设，平日不过叠置而存；鹤膝桌之类小而轻便的高桌，却是以灵活安排为特色，即陈放位置并无固定，室内室外，可依所需而纵横布置。

道山堂中的大小"黑光偏凳"，即可以并坐二人的长凳[3]。又"方棹二十"，当也同于鹤膝桌即是用于临时布陈，既有二十之数，则体

1 即"凡立柱，并令柱首微收向内，柱脚微出向外，谓之侧脚"，亦即以柱首中心定开间进深，将柱脚向外"踢"出去，使"微出向外"。《梁思成文集》第七卷，页 137，中国建筑工业出版社二〇〇一年。
2 这种做法，在《韩熙载夜宴图》中已经可以看到。
3 偏凳之称在越中的流行时间似乎很久，见清范寅《越谚》卷中"器用"一项。

量不会太大。《南宋馆阁录》（以下简称《馆阁录》）卷六"暴书会"条："是日，秘阁下设方桌，列御书、图画。东壁第一行古器，第二、第三行图画，第四行名贤墨迹，西壁亦如之。东南壁设祖宗御画，西南壁亦如之。御屏后设古器、琴、砚，道山堂并后轩、著庭皆设图画。"暴书，曝书也。暴书会中陈列书画的情景，正昭示了方桌的用途之一。

除床榻外，宋代家具品种，在前引《馆阁录》卷二的这一番叙述中占得大部，其中又以屏风品类为多。照壁屏风，乃设在室内靠后的两缝内柱之间。《营造法式》卷六有"造照壁屏风骨之制"，即云如何用条棍做成大方格眼的屏风骨架。骨成，其上再裱糊纸或绢，绘画则多为名笔，道山堂用的山水绢图，自然也不会是俗品。这些原都是传统的做法。"有会集则设"的"软背山水图"，应即卷轴山水。板屏，在辽宁省博物馆藏南宋《女孝经图》中有其式，板屏上端所垂，即《馆阁录》所云"鲛绡缬额"之属（图18）。屏风、交椅，打扇一对，其组合在一起的用法，由江西乐平宋墓壁画可以见得很清楚[1]（图19）。

帐、幔，屏风，在宋代仍有着分隔空间的优势，古已有之的堂室壁上作画，也依然是当日风俗[2]，《馆阁录》云道山堂"堂两傍壁画以红药、蜀葵"，即其例。紧靠墙壁固定摆放的家具很少，橱、柜之类，体量都不大。黄庭坚与人书云"欲作一竹匮，高五尺，阔四尺七，侧阔二尺三，两层，欲顶及四面平直"。宋尺一尺合今三十二点九厘米，竹柜四面平直，则下端无足可知。橱柜之属的陈放因与箱箧相类，其下也常常承以桌或榻，这两种情形在宋代绘画中都很

[1] 江西省文物考古所等《江西乐平宋代壁画墓》，页16，《文物》一九九〇年第三期。

[2] 郭若虚《图画见闻志》卷四：董羽，毗陵人，善画龙水、海鱼，"太宗尝令画端拱楼下龙水四壁，极其精思，及画玉堂屋壁海水，见存"。王辟之《渑水燕谈录》卷四："玉堂北壁有毗陵董羽画水，波涛若动，见者骇目。岁久，其下稍坏。学士苏易简受命知举，将入南宫，语学士韩丕择名笔完补之。丕呼圬者墁其下，以朱栏护之。苏出院，以是怅惜不已。"

图 18 《女孝经图》局部 辽宁省博物馆藏

图 19 江西乐平宋墓墓室南壁壁画（摹本）

新编
終朝采藍
上

图 20 《唐五学士图》局部 台北故宫博物院藏

图21 《蚕织图·入箱》黑龙江省博物馆藏

常见，如故宫藏《重屏会棋图》，如台北故宫博物院藏刘松年《唐五学士图》（图20），又《蚕织图》的"入箱"之幅（图21），等等。如前所述，汉代已是如此，唐代依然[1]，两宋不过存其遗风。山谷与人书又云："昨日作竹匮极荷调护，甚如法也，欲更作疏楥竹匮盛食器，不知能为作得否。盖三间屋中欲尽去几案，令宽展耳。"求室内空间宽展，为了临时陈设的灵活自由，或者正是它的重要原因之一。

　　与前不同，宋代支撑室内陈设的，除几、榻和屏风的组合之外，椅子和桌也可以成为陈设的一个中心。它完全进入士人生活，乃在民间广泛普及之后，而文房工艺品的发达，应与此有着密切关系。可以说，两宋是养育"士"气，即士大夫之气韵的一个黄金时代。士人在世俗生活中，以山水、田园、花鸟，以茶以香为语汇，用想象和营造别为自己酝酿了一个独立的小天地。他们在这里收藏情意也收藏感悟，并在感悟中化解尘世中常会有的种种失意。文房诸器便是这一份心之收藏的物化，而桌子的出现则为器具的陈设提供了最为合适的条件。不过这已是题外话。重要的是，宋代家具式样特别是士人居室陈设的品位，更深入影响到后世，其中所蕴含的对雅的定义，被诗和画携带着浸入新的时代，而为明代家具奠定了继承与创新的基础，使它在一个很高的起点上走向中国家具史中的发展高峰。

1　元稹《江边四十韵》咏起宅事，其中特别说到"制榻容筐筥"（"筥"，一作"坐"，又或作"在"），则风俗可知。

宋代花瓶

小引

瓶花的出现，早在魏晋南北朝，不过那时候多是同佛教艺术联系在一起。鲜花插瓶真正兴盛发达起来是在宋代。与此前相比，它的一大特点是日常化和大众化。其间的区别又不仅在规模和范围的不同，更在气象和趣味的不同。影响欣赏趋向的有一个很重要的物质因素，便是家具的变化，亦即居室陈设的以凭几和座席为中心而转变为以桌椅为中心。高坐具的发展和走向成熟，精致的雅趣因此有了安顿处。瓶花史与家具史适逢其时的碰合，使鲜花插瓶顺应后者的需要而成为室内陈设的一部分，并与同时发达起来的文房清玩共同构建起居室布置的新格局[1]。

唐宋时代室内格局与陈设的不同，由传世绘画和近几十年发现的墓室壁画可以见出清晰的演变轨迹。花瓶成为风雅的重要点缀，是完成在有了新格局的宋代士人书房。它多半是用隔断辟出来的一个相对独立的空间，宋人每以"小室""小阁""丈室""容膝斋"等为称，可见其小。书房虽小，但一定有书、有书案，书案上面有笔和笔格，有墨和砚、砚滴与镇尺。又有一具小小的香炉，炉里焚着香饼或香丸。与这些精雅之具相配的则是花瓶，或是古器，或其式仿古，或铜或瓷，而依照季节分插时令花卉。这是以文人雅趣为旨归的一套完整组合。花瓶作为要件之一，已在其中占得固定的位置。

咏及几案花卉的诗，在宋人作品中俯拾皆是。曾几《瓶中梅》："小窗水冰青琉璃，梅花横斜三四枝。若非风日不到处，何得色香如

1　如果不是与家具史的线索相交汇，瓶花的发展很可能会是另外的面貌，比如东瀛花道与茶道的结合，以此形成的花事，不仅陈设方式与艺术风格不同，甚至内涵也不很一致。

图1 《寒窗读易图》局部 朵云轩藏

许时。神情萧散林下气，玉雪清莹闺中姿。陶泓毛颖果安用，疏影写出无声诗。"[1] 刘辰翁《点绛唇·瓶梅》："小阁横窗，倩谁画得梅梢远。那回半面。曾向屏间见。/ 风雪空山，怀抱无荀倩。春堪恋。自羞片片。更逐东风转。"[2] 诗云瓶梅如画；词云它本来是屏风上的写真，却又从画中脱"影"而出。上海朵云轩藏宋人《寒窗读易图》，便恰好是"小阁横窗"的书房一角（图1）。书案上的其他陈设均被山石掩住，画笔不曾省略的只有书卷和瓶梅，小瓶里横枝欹斜，梅英疏淡，宋人的无声诗与有声画原是韵律一致的梅颂。如果说牡丹是唐人的花，那么梅可以算作宋人的花，南宋陈景沂辑《全芳备祖》，其"花部"以梅为冠，正是时风使然。张耒说："个人风味，只有江梅些子似。"[3] 此评却不妨扩展来用。不过牡丹在唐代很少插在瓶中作为几案清供，梅花却如同沉香一样，长在书室与宋人诗思相依傍，由花瓶护持的一缕冷香因此总能为各种环境下的生存带来闲适和清朗。

一 关于花瓶

"花瓶"一词用来专指插花之瓶，出现于文献的时间是在北宋。温革《琐碎录》卷二"杂说"条云："冬间花瓶多冻破，以炉灰置瓶底下，则不冻，或用硫磺置瓶内亦得。"温革是政和五年进士，《琐碎录》最早著录于陈振孙《直斋书录解题》卷十一，今有明抄本残卷存世[4]。同卷中关于鲜花插瓶的各种知识尚有不少，如："牡丹、芍药插瓶中，先烧枝断处令焦，熔蜡封之，乃以水浸，可数日不萎。蜀葵插瓶中即萎，以百沸汤浸之复苏，亦烧根。"而与他约略同时的李纲有《志宏见和再次前韵》，句云"蜡封剪处持送我"[5]，所送者，牡丹也，诗中记事与《琐碎录》的说法正是一致。《琐碎录》又云："牡丹、芍药，摘下，烧其柄，先置瓶中，后入水，夜则以水洒地，铺芦席，又用水洒之，铺花于其上，次日再入瓶，如此可留数日"；"莲花未开者，先将竹针十字卷之，白汁出，然后插瓶中便开。或削针去柄，簪于瓶中"，等等，所记多是经验的总结，由此可见当日鲜花插瓶的风气之盛。南宋释宝昙《花瓶》诗云："辘轳声中井花满，亦有口腹如许清。百花丛中度朝夕，一点不关流俗情。"[6]便是借抬眼可见的寻常物事聊寄胸中一点清奇。

古之所谓"瓶"和"罂"，还有"壶"，适用的范围很宽泛，水器、食器，都可以称罂，称瓶，称壶。罂，《说文·缶部》云"缶也"。《广雅·释器》："罂，瓶也。"《汉书》卷三十四《韩信传》颜注："罂缶，谓瓶之大腹小口者。"瓶，慧琳《一切经音义》卷三："《考声》云：

1 《全宋诗》，册二九，页18569。
2 唐圭璋《全宋词》，册五，页3189，中华书局一九六五年。
3 调寄《减字木兰花》，《全宋词》，册一，页592。
4 中国国家图书馆藏一至三卷，题作《琐碎录》，本文所引据此。此外，上海图书馆也藏有此书的一个明抄本，不分卷，题作《分门琐碎录》，上海图书馆一九六二年曾据以影印。影印本《后记》对该书及作者温革的事迹均有考述。前引之温说，上海图书馆本首句作"冬间兰花瓶多冻破"，按"兰"字衍。
5 《全宋诗》，册二七，页17558。
6 《全宋诗》，册四三，页27097。

图 2　唐元和三年款粮罂　浙江
德清县秋山乡唐墓出土

图 3　唐元和三年款粮罂铭文

图 4　唐元和十四年款罂
浙江嵊州市出土

图 5　唐光化三年款食瓶
浙江余姚上林湖窑址出土

图 6　北宋咸平元年款粮
罂瓶　浙江绍兴博物馆藏

1　南京市博物馆《六朝风采》，图三四，文物出版社二〇〇四年。

2　浙江省博物馆《浙江纪年瓷》，图一六二、一六三、一七一、一九七，文物出版社二
〇〇〇年。按唐元和三年黑瓷粮罂，今藏德清博物馆，本书粮罂局部照片系参观
所摄。

3　金琦《南京附近六朝陵墓石刻整修纪要》，页 31，《文物》一九五九年第四期。按本书
神道柱照片为实地考察所摄。

4　徐湖平等《中国画像砖全集·全国其他地区画像砖》，图一四一，四川美术出版社二〇〇
六年。

似罂而口小曰瓶。"又《急就篇》卷三颜注："壶，圆器也，腹大而有颈。"作为生活用器，自名为"瓶""罂"者，式样并不一致。南京化纤厂内一座东晋墓中发现的鸡首壶，底部刻"罂主姓黄名齐之"[1]；浙江德清县秋山乡新农村唐墓出土的唐元和三年黑瓷粮罂，浙江嵊州市出土唐元和十四年青瓷四系盘龙罂，前者自名粮罂，后者自名罂，造型却不很相同。浙江余姚上林湖窑址出土唐光化三年青瓷食瓶，盘口，长颈，圆腹，自名食瓶。比较而言，食瓶的颈比粮罂更见修长。又绍兴博物馆藏北宋咸平元年青瓷粮罂瓶，盘口，长颈，丰肩，下腹渐收，口沿至腹原粘接四鋬，其自名粮罂瓶[2]。从基本轮廓来看，它的颈长于粮罂而短于食瓶。这一类粮罂食瓶，高多在三四十厘米（图2、图3、图4、图5、图6）。

早期插花之器也或称罂。《南史》卷四十四《齐武帝诸子》："晋安王子懋，字云昌，武帝第七子也，诸子中最为清恬，有意思，廉让好学。年七岁时，母阮淑媛尝病危笃，请僧行道。有献莲华供佛者，众僧以铜罂盛水渍其茎，欲华不萎。子懋流涕礼佛曰：'若使阿姨因此和胜，愿诸佛令华竟斋不萎。'七日斋毕，华更鲜红，视罂中稍有根须，当世称其孝感。"与这里情景相呼应的有南京甘家巷梁萧景墓神道柱上的线刻画。神道柱下是浮雕出衔珠双螭的柱础，上有伞盖一样的覆莲，覆莲顶端一只石狮，其下为柱额，柱额侧面浅刻一幅比丘双手捧瓶花的图像[3]（图7、图8、图9）。萧景是梁武帝从父弟，卒于普通四年。两事虽然异代，但时间相差不远。此线刻画中的插花之器因可为子懋事中的插莲之罂作一解。湖北襄阳贾家冲出土南朝画像砖中有足登高头履，脚踏覆莲座，手捧瓶花的女侍，插花之瓶与线刻画中的花器很相似[4]（图10）。至于各种式样的长颈瓶，已经颇流行于两晋南北朝直到隋唐，插花应是它的用途之一，时当初唐的昭陵长乐公主墓壁画即有这样的形象。墓室甬道东壁的持物侍女图中，一位肩覆绿披帛、身系条纹裙的女子手捧鼓腹撇口的长颈瓶，瓶口低低探出一枝莲蓬和一茎待放的莲花[1]（图11）。这自然是一个很明确的例子。不过瓶花作为居室陈设特别是几案陈设，宋代以前尚没有蔚成风气。风气的形成实与家具变化的推助密切相关，这是前面已经说到的。

宋代花瓶在形象设计上并没有全新的创造，只是选择了造型优美的几种，使它从古已有之的瓶罂样式中独立出来，而予以比较固定的用途。若只是大略区分，那么可以说设于厅堂的大花瓶，其造型来自粮罂食瓶的成分为多，而设于几案的小花瓶，式样多取自上古青铜礼器。从造型来源说，前者为俗，后者为雅，在使用上，也微见此别。诗人题咏者，最多的便是胆瓶、小瓶、小壶、瓷瓶；又古瓶、铜瓶。考古发现的实物中，有两组很好的例子，一见于杭州凤凰山老虎洞窑址，一见于四川遂宁金鱼村窖藏[2]。后者时代约当南宋末年，而包含的品类更为丰富，并且时间跨度很大，是汇聚了很可以体现时代风尚的一批器物，其中花瓶正是重要的一项。

图7 梁萧景墓神道柱　　图8 梁萧景墓神道柱线刻画位置　　图9 梁萧景墓神道柱线刻画拓本

图 10　捧瓶女侍画像砖拓本
湖北襄阳城西贾家冲出土

图 11　唐昭陵长乐公主墓壁画

二 胆瓶

体现着雅趣的花瓶原是随着桌、案的发达，因陈设的需要而兴盛发达起来，为着与书案上的文房清玩相谐，它自然也以小为宜。陈与义《梅花二首》"小瓶春色一枝斜"；严参《瓶梅》"小瓶雪水无多子，

1　昭陵博物馆《昭陵唐墓壁画》，页 37，文物出版社二〇〇六年。
2　成都文物考古研究所《遂宁金鱼村南宋窖藏》，文物出版社二〇一二年。按本书所引金鱼村窖藏之例，均出此著。

只篸横斜一两枝"[1]；朱淑真《绛都春·梅》"独倚栏杆黄昏后，月笼疏影横斜照。更莫待、笛声吹老。便须折取归来，胆瓶插了"[2]，所咏俱是。严参诗又收在杨万里《诚斋集》卷五，题作《昌英知县叔作岁，坐上赋瓶里梅花，时坐上九人，七首》，那么严氏自为坐中九人之一。七首之二云："胆样银瓶玉样梅，北枝折得未全开。为怜落莫空山里，唤入诗人几案来。"[3]若赋笔果然实录，则坐中插梅之瓶乃是小银胆瓶，且设在几案。而所谓"小壶"，也是可近笔床可依书灯的小瓶之类，由前引古训，可知"腹大而有颈"的"圆器"均可称为壶，它与瓶并没有严格的区别。周紫芝《酴醾小壶色香俱绝灯下戏题二首》之一："芳条秀色净如霜，折得残枝近笔床。月冷灯青花欲睡，可怜虚度此时香。"[4]葛胜仲《江神子·初至休宁冬夜作》"官梅疏艳小壶中。暗香浓。玉玲珑"[5]，所云插花的小壶，应该都是"腹大而有颈"的"圆器"。宋诗中的胆瓶，如前举之例，其实也多是陈设于几案或枕屏旁边的插花小瓶。虞俦《癣舍堂前仅有木犀一株，今亦开矣，为赋二绝句》其二云："维摩丈室无人到，散尽天花结习空。犹有一枝秋色在，明窗净几胆瓶中。"[6]李弥逊《声声慢·木犀》下阕云："更被秋光掇送，微放些月照，著阵风吹。恼杀多情，猛判沉醉酬伊。朝朝暮暮守定，尽忙时、也不相离。睡梦里，胆瓶儿，枕畔数枝。"[7]又无名氏《南歌子》："阁儿虽不大，都无半点俗。窗儿根底数竿竹。画展江南山景、两三幅。/ 彝鼎烧异香，胆瓶插嫩菊。僩然无事净心目。共那人人相对、弈棋局。"[8]几案、枕畔、彝鼎亦即仿古铜炉旁边的插花胆瓶自然尺寸不大，而由《南歌子》所咏更见得小小空间里的格局和诸般布置。窗外竹，室中画，焚香，插花，对弈，此际已成铺陈风雅的几项基本设施，正所谓"阁儿虽不大，都无半点俗"。不过胆瓶在两宋诗词中很可能是用来表述花瓶中的一大类，长颈鼓腹而曲线柔和，即其形略如垂胆者，大约便是宋人眼中的胆瓶，所谓"圆壶俄落

图 12　龙门莲花洞南壁第 41 龛龛内雕刻　　　　图 13　山东临朐北朝画像石墓出土画像石

雄儿胆"[9]，"垂胆新瓷出汝窑"[10]，又徐兢《宣和奉使高丽图经》卷三十一"花壶"条"花壶之制，上锐下圆，略如垂胆"，都是大致相同的描述。

　　上锐下圆、形若垂胆的花瓶，其实早已见于南北朝艺术中的瓶花图案。如龙门莲花洞南壁第 41 龛龛内左侧佛传故事中，坐于筌蹄之上的悉达多太子身后一个细颈圈足的大花瓶，瓶里插着莲蓬、莲花与莲叶，其时代为北魏后期（图 12）。山东临朐北朝画像石墓出土的一方画像石，下有覆莲座的长颈瓶里插着莲叶莲花，与云气中的青龙合为一个画面[11]（图 13）。不过直到宋代，胆瓶之称才开始叫响，并且成为

1　《全宋诗》，册五九，页 37216。

2　冀勤辑校《朱淑真集注》，页 272，中华书局二〇〇八年。

3　《全宋诗》，册四二，页 26128。

4　《全宋诗》，册二六，页 17312。

5　《全宋词》，册二，页 715。

6　《全宋词》，册四六，页 28571。

7　《全宋词》，册二，页 1051。按"秋光掇送"句，原作"秋光断送"，此据《乐府雅词·拾遗上》改（页 202，辽宁教育出版社一九九七年）。

8　《乐府雅词·拾遗上》，页 187。

9　刘子翚《任伯显昨寄日梣不至，续以胆瓶为贶》，《全宋诗》，册三四，页 21378。

10　楼钥《戏题胆瓶蕉》，《全宋诗》，册四七，页 29483。

11　宫德杰《山东临朐北朝画像石墓》，图四，《文物》二〇〇二年第九期。

新编
終朝采蓝
上

图14 《采花图》局部 故宫藏　　　　图15 戗金仕女游园图朱漆奁局部 江苏常州武进
村前乡南宋五号墓出土

图16 《五百罗汉图·阿弥陀画像供养》
日本京都大德寺藏

宋人花事中常见的话题。胆瓶造型优雅，线条简单却很俊逸，鼓腹容水，修颈容枝，瓶口小而微侈，正宜捧出花束而又轻轻拢住，因此特为宋人赏爱，它出现在时人画笔下便总是与花事相连，比如最常见的采花插瓶。故宫藏南宋册页《采花图》，江苏常州武进村前乡南宋五号墓出土的戗金仕女游园图朱漆奁[1]（图14、图15），日本京都大德寺藏南宋《五百罗汉图·阿弥陀画像供养》[2]，都是描绘亲切的例子（图16）。与画面中形象相近的实物有不少，如北京地区出土的两件高近30厘米的瓷瓶[3]，如分别出自安徽宿松县南宋嘉定八年墓、浙江德清南宋吴奥墓（咸淳四年），又四川遂宁窖藏中的龙泉窑小瓶，高均在15厘米左右[4]，江苏宜兴和桥宋墓出土的褐漆小瓶，高11.9厘米[5]，虽大小有别，材质不同，造型稍异，但大致都可以归入宋人所说的胆瓶之属（图17、图18、图19、图20、图21）。旧金山亚洲艺术博物馆藏金代磁州窑瓶瓶腹书"香花奉神"四个大字，更明确点明这一件胆瓶是用于插花[6]（图22）。

不过这里尚有一个问题，即作为酒具的玉壶春瓶，宋金时代，它的式样与大型胆瓶几乎相同，而出现在墓室壁画中，用途多表现得很清楚，比如河南焦作市北郊老万庄金代壁画墓中的一幅侍女奉酒图[7]（图23）。不妨认为，玉壶春瓶是从胆瓶这一大类中析出的一支，它以

1 器藏常州博物馆，本书照片为观展所摄。
2 《聖地寧波——日本仏教1300年の源流：すべてはここからやって来た》（特別展），页131，奈良国立博物馆二〇〇九年。
3 北京怀柔县出土宋汝窑青瓷瓶，高29.2厘米，首都博物馆《首都博物馆藏瓷选》，图三二，文物出版社一九九一年；北京海淀区金代墓葬出土钧釉瓶，高28.9厘米，秦大树等《记一组早期钧窑瓷器及相关问题探讨》，页82，图七，《文物》二〇〇二年第十一期。
4 两例均为观展所见并摄影。
5 周成《中国古代漆器》，图五八，艺术图书公司一九九四年。按器藏南京博物院，本书照片为参观所摄。
6 此为参观所见并摄影。
7 河南省博物馆等《河南焦作金墓发掘简报》，图版二：1，《文物》一九七九年第八期。

图 17　青瓷瓶　北京怀柔
出土

图 18　钧釉瓶　北京海淀
金代墓葬出土

图 19　龙泉窑小瓶　安徽宿
松南宋嘉定八年墓出土

图 20　龙泉窑小瓶　浙江
德清南宋吴奥墓出土

图 21　褐漆小瓶　江
苏宜兴和桥宋墓出土

图 22　磁州窑"香花奉神"瓶（金代）旧金山亚洲艺术博物馆藏

用来盛酒而美其名曰"玉壶
春"，但玉壶春瓶同时也用作
插花，图像所见正是如此，
比如前面举出的南宋戗金仕
女游园图朱漆奁，而宋词中
早有着这样的叙事。北宋曹
组《临江仙》句云"青琐窗
深红兽暖，灯前共倒金尊。
数枝梅浸玉壶春"[1]，此玉壶
春瓶用来插梅自是毫无疑义。
它与胆瓶是同类，由冯子振
《梅花百咏》和释明本的和诗
可得一证。冯诗《梅花百咏·浸

图23　奉酒图　河南焦作市北郊老万庄金代壁画墓

梅》一首云："旋汲澄泉满胆瓶，一枝斜插置幽亭。冰姿玉骨清如许，
隐隐风声入座馨。"[2] 明本同题和诗云："插花贮水养天真，潇洒风标
席上珍。清晓呼童换新汲，只愁冻合玉壶春。"[3] 原唱云"胆瓶"，和
作呼应其意而变换语词切其事曰"玉壶春"，正可见二者原本同属，
因此在时人的观念中它有这种可以互换的一致[4]。冯子振与明本生活
的时代大抵相同，均是由宋入元。元代自是与宋风相延。故宫藏一件

1　《全宋词》，册二，页 803。
2　冯子振、周履靖《千片雪》，《夷门广牍》卷九十六。按《千片雪》所收冯诗即《梅花
　　百咏》。《四库全书》本《梅花百咏》此"胆瓶"作"瞻瓶"，应是形近（膽、瞻）而误。
3　冯子振、释明本《梅花百咏》，《四库全书》本。
4　与此相类者又如《百咏》中的《盆梅》："新陶瓦缶胜琼壶，分得春风玉一株。最爱寒
　　窗读书处，夜深灯影雪模糊。"和诗云："月团香雪翠盆中，小技能偷造化工。长伴玉
　　山颓锦帐，不知门外有霜风。""翠盆"与"新陶瓦缶"亦为一事。

图 24 "张敏德造"剔红赏花图盒 故宫藏　　图 25 《药山李翱问答图》局部 日本南禅寺藏

图 26 《盥手观花图》局部 天津市艺术博物馆藏

元"张敏德造"剔红赏花图盒[1]（图24），盖面是水边竹林中的厅堂，主客二人在庭中山石前赏花，前厅之侧有童子布酒食，厅中高桌上一个带座的玉壶春瓶似待折枝插瓶，而与赏花之意相呼应。

花瓶的陈设，在几案，在厅堂，都有一个重要的要求，即稳定，因此多为它增配器座。李龏《山庵》："花梨架子定花瓶，一朵红梅对忏灯。贾岛佛前修夜课，卧冰庵主是诗僧。"[2]"花梨架子定花瓶"，几案陈设也。以定瓷之素雅推送出梅花之清瘦，山庵遂成诗境。花开"一朵"，自是缀于一枝。日本南禅寺藏传南宋马公显《药山李翱问答图》，正仿佛为此诗写照。这是宋人笔下的唐人故事，药山手示上下，曰："云在天，水在瓶。"一支画笔却绘出宋人钟爱的胆瓶，胆瓶里又是宋人钟爱的"一朵红梅"（图25）。

三 其他几案花器

瓶插一枝，欲求其熨帖，不能不说也是一项艺术，花枝要选得好，品种要合宜，花瓶与花也要韵致相谐。天津市艺术博物馆藏南宋《盥手观花图》绘花事烂漫时节的一幅庭院小景，长案上一具长颈瓶，瓶身形若倒扣的敞口杯，修颈两侧各缀一对双环，小口中耸出鲜花一枝[3]（图26）。

1　陈丽华等《故宫漆器图典》，图四，故宫出版社二〇一二年。
2　《全宋诗》，册五九，页37436。
3　本书照片为参观所摄。按项元汴《历代名瓷图谱》著录一件宋龙泉窑器，名作"一枝小瓶"，式样与此图所绘相同，《历代名瓷图谱》云："瓶不盈寸，而制度精工，沴色青翠，小品中之佳物也。以之插鱼子兰、指甲花、茉莉诸种最妙。"福开森《校注项氏历代名瓷图谱》，图二六、图二七，觯斋印书社一九三一年。不过此书今人多疑其伪，或不足为据，姑录此备考。

《盥手观花图》图绘闺阁花事，又着意画出花器的不同。长案前后各有一个方几，后面的一个放着口沿装饰鼓钉纹的花盆，前面一个置花瓶，长身细腰，由编纹可以认得是竹器，瓶里一大捧菊花。竹瓶和菊花相配仿佛更能留驻花的淡雅，而竹花瓶的布置得宜也还另有一个很好的例子。《南宋馆阁录》卷二《省舍》一节说到濯缨泉上有木桥，上有竹亭，泉东有竹屋一间，"周回设斑竹帘，中设黑漆棹一，竹花瓶一，香炉一，石墩十二"。竹屋陈设看得出是讲求古朴、清雅，黑漆桌上的竹花瓶便正是点睛之笔。

截竹为筒，筒插鲜花，本来也是宋人花事中的雅趣之一。邓深《竹筒养梅置窗间》："竹与梅为友，梅非竹不宜。截筒存老节，折树冻疏枝。静牖初安处，清泉满注时。暗香披拂外，细细觉春吹。"[1] 用于宫禁，更成豪举，《武林旧事》卷二述宫中花事曰"至于梁栋窗户间，亦以湘筒贮花，鳞次簇插，何翅万朵"，可见其盛。竹筒制作的花瓶自难久存于世，因此不知它曾否流行，不过宋代瓷器中有一种筒形瓶，今人常称作"花插"，它的设计或即从竹筒取意。台北故宫博物院藏有两件南宋官窑器[2]，日本根津美术馆藏一件属龙泉窑[3]，亦南宋物（图27、图28）。此在绘画中也有合式的对应。波士顿艺术博物馆藏传苏汉臣《靓妆仕女图》，图绘对镜理妆的女子，妆具之侧一个小木架，木架里面正好坐一具插着鲜花的花筒（图29）。镜旁陈设花瓶，在宋代并非仅仅是女子的雅尚，士人也常把它视作逸趣且付诸吟咏。楼钥《以十月桃杂松竹置瓶中草药照以镜屏用潇韵》："中有桃源天地宽，杳然溪照武陵寒。莫言洞府无由入，试向桃花背后看。"[4] 方回《开镜见瓶梅》："开奁见明镜，聊以肃吾栉。旁有一瓶梅，横斜数枝入。真花在瓶中，镜中果何物。玩此不能已，悠然若有得。"[5] 把对"格物"的偏爱贯注到对生活细节的关心和体验，使宋诗并不总是诗意丰沛而宋人诗心长在，镜中瓶梅便成诗心烛照下的一点玄思，"照镜梅"也因此

图 27　南宋官窑花筒两件 台北故宫博物院藏

图 28　龙泉窑花筒
日本根津美术馆藏

成为后世咏梅诗中常见的一题。

　　如前所述，宋人的鲜花插瓶，常常用到的是瓷瓶、古瓶、铜瓶。前举小瓶、胆瓶、花筒，其实均以瓷器为多。瓷器中似乎又以青瓷瓶最为士人所喜。杨万里《道旁店》："路旁野店两三家，清晓无汤况有茶。道是渠侬不好事，青瓷瓶插紫

图 29　《靓妆仕女图》局部 波士顿艺术博物馆藏

1　《全宋诗》，册三七，页 23341。
2　（台北）《故宫文物月刊·18》（一九八四年），页 75;（台北）《故宫文物月刊·155》（一九九六年），页 12。
3　長谷部樂爾《世界陶磁全集·12·宋》，图 79，小学馆一九八八年。
4　《全宋诗》，册四七，页 29451。
5　《全宋诗》，册六六，页 41752。

图 30　蔡襄《大研帖》台北故宫博物院藏

薇花。"[1] 开篇引曾几《瓶中梅》"小窗水冰青琉璃"，插梅的花器自然也是青瓷瓶。又南宋钱时有诗题作《小瓷瓶》，诗前小序称："羔姪近得小瓷花瓶二，见者莫不称叹。熊姪自言，因是有感。大概谓此瓶高不盈尺，价不满百，以其体制之美，人皆悦之，若无体制，虽雕金镂玉不足贵也。惟人亦然，修为可取，虽贱亦好。苟不修为，贵无取尔。余喜其有此至论，因诗以进之，且以开示同志。"诗曰："小瓷瓶，形模端正玉色明。乌聊山边才百文，见者叹赏不容声。乃知物无贱与贵，要在制作何如耳。轮囷如瓠不脱俗，虽玉万镒吾何取。……"[2] 可知这一对得自徽州歙县西北乌聊山边的小花瓶，高不足一尺，价不到百钱，而釉色美丽得像玉一样，又造型线条流畅，有规整端正之好，因此偏爱"格物"的宋人由不得要起一番哲思。而玉色，青瓷之色也。

宋人花事中，花盆也别有清韵，由蔡襄的一件著名墨迹《大研帖》，可知花盆也是用于相互馈赠的文房雅物（图 30），虽然"花盆亦佳品"在报谢的尺牍中或有客气的成分，但得与大研谐配，其式应当不俗。

图 31　素胎花盆两件　河北观台磁州窑址出土

在花盆中莳弄出的水石又或松梅盆景，也可作几案小品。观台磁州窑址发现的素胎花盆尺寸都不大，长多在二十余厘米，高不过十几厘米，外壁或装饰花卉，又或山石芭蕉与仙鹤而成一幅庭院小景[3]（图31）。

　　花盆的古雅之称有方斛。黄公度《方斛石菖蒲》："勺水回环含浅清，寸茎苍翠冠峥嵘。扁舟浮玉山前过，想见江湖万里情。"[4]所咏"方斛"，也为花盆之属。所谓"斛"，原是量器，即十斗为斛，此便以花盆造型如斗而假以方斛之名。故宫藏一件宋三彩刻花枕，枕面图案中心画一丛翠竹，翠竹两边各一个底端花头足的花盆，盆里各开着一大朵牡丹花[5]（图32）。山东省博物馆藏出自德州窑的绿釉方盆，恰与此对花盆式样相同[6]（图33）。若为这一类方盆冠以雅称，"方斛"便正好合式。

　　制作盆景之外，花盆也用来育兰与栽荷。刘克庄《咏邻人兰花》"两盆去岁共移来，一置雕阑一委苔"[7]；王炎《石盆荷叶》："月明露

1　《全宋诗》，册四二，页 26512。

2　《全宋诗》，册五五，页 34344。

3　北京大学考古系等《观台磁州窑址》，页 349~355；彩版三六：2，文物出版社一九九七年。

4　《全宋诗》，册三六，页 22508。

5　《故宫博物院藏文物珍品大系·两宋瓷器·上》，图一九五，上海科学技术出版社等二○○二年。

6　此为参观所见并摄影。展品说明原作"绿釉斗形炉"。

7　《全宋诗》，册五八，页 36189。

图 32　三彩刻花枕　故宫藏

图 33　绿釉方盆　山东省博物馆藏

冷净娟娟，收入窗间一掬泉。不用亭亭张翠盖，也能细细叠青钱。时因新汲分瓶勺，暗有微香散简编。留得移根栽玉井，开花十丈藕如船。"[1]曰"收入窗间一掬泉"，曰"暗有微香散简编"，则一捧绿意正是盈盈于芸窗几案。波士顿艺术博物馆藏宋《雪阁临江图》[2]（图 34），窗间挽幔卷帘，窗幔挽起处微露香几和几上香炉，主人凭窗听雪，童子捧来兰叶披拂的一个花盆，宋人绘笔下不肯放过的点滴花事，与诗人所咏是一致的。

　　形制独特者，尚有一种深腹盆，如安徽枞阳县横镇铺出土一件宋景德镇窑影青柳斗纹花口带座盆[3]（图 35），日本爱知·中之坊寺藏南宋《佛涅槃图》中正绘出它的形象，——原是设于香案上的花器（图 36）。《佛涅槃图》墨书落款曰"明州江下周四郎笔"[4]。明州，即今宁波。

　　两宋瓷器中，又有一种体量稍大的平底或浅底深盘，今人多称为"洗"，不过它在当时却有可能是花器。苏轼有诗题作《惜花》，是为

1　《全宋诗》，册四八，页 29699。
2　浙江大学中国古代书画研究中心《宋画全集》第六卷第一册，图二三，浙江大学出版社二〇〇八年。
3　《安徽馆藏珍宝》，图一三三。图版说明作"景德镇窑影青釉炉"。
4　《圣地宁波—日本仏教 1300 年の源流：すべてはここからやって来た》（特别展），页 73。

图 34 《雪阁临江图》局部 波士顿艺术博物馆藏

图 35 宋景德镇窑影青柳斗纹花口带座盆 安徽枞阳县横镇铺出土

图 36 《佛涅槃图》局部 爱知·中之坊寺藏

图37　敦煌莫高窟第一五三窟南壁壁画（中唐）

钱塘吉祥寺牡丹而作，自注"钱塘吉祥寺花为第一，壬子清明，赏会最盛，金盘彩篮以献于座者"云云，所谓"金盘"，在这里正是用来作为花器。又梅尧臣《胡武平遗牡丹一盘》"昨日到湖上，碧水涵蒲芽。此情颇已惬，薄宦非初嗟。况乃蒙见怜，带雨摘春葩"[1]；郑刚中《封州极少酴醾近得数蕊瘦小如纸花而清芬异常》"小盘和雨送酴醾，瘦怯东风玉蕊稀"[2]，是置花之器皆为盘也，而这一做法又非自宋始，敦煌唐代壁画中于此多有描绘，如莫高窟第一五三窟南壁手捧牡丹花盘的童子[3]（图37），两宋不过延用旧俗而已。核之以两宋遗存，则瓷"洗"之大者，——比如口径二十厘米以上，或者当日的用途之一，便是放置鲜花。

四　铜瓶与仿古花瓶

宋人的尚古，本是缘自对古今之别的体认。宋《政和五礼新仪·卷首》录有大观年间制定礼仪之际君臣间的一番讨论，其中徽宗的意见很耐人寻味，即"礼缘人情，以义而起，因时之宜，御今之有，故商因于夏，所损益可知；周因于商，所损益可知，而不相袭也。善法古者，不法其法，法其所以为法之意而已"；而"世异事殊，衣冠器用，其制不同。弁笄组紞、筐筥簟筵，皆古人之常用，其制度非今人之所见，品官之家，岂能遵行。可改用今人器用，制礼具令，将行天下"，总要使今礼"简而易行"。它的引人注意，即在于有此明确的古今之别，才能够把所谓的"古"从作为"今"的现实生活中独立出来，而安放在可以从容涵泳的艺术世界中。"古"于是有距离、有魅力，所谓"古鼎""古瓶"的古为今用，比如焚香，比如插花，方见出它典雅雍容的艺术气息[4]。葛绍体《韩氏与闲即事》"古瓶疏牖下，怪石小池旁"[5]；舒岳祥有诗题作《十一月初三日插梅花古罍洗中因成四绝》[6]；又洪咨夔《夏初临》句云"铁瓮栽荷，铜彝种菊，胆瓶萱草榴花"[7]；张炎《三姝媚》词前小序称："海云寺千叶杏二株，奇丽可观，江南所无，越一日，过傅岩起清晏堂，见古瓶中数枝，云自海云来，名芙蓉杏，因爱玩不去，岩起索赋此曲。"[8]诗词中的"古瓶""古罍洗""铜彝"，都是对上古铜器的并不严格的泛称，而同时代的绘画也常常把此尚古之情化为具体的形象，如故宫藏宋徽宗《听琴图》，又南宋册页《瑶台步月图》，台北故宫博物院藏《汉宫图》（图38、图39、图40），等等。不过审美情趣之外，古铜器的插花，也包含着宋人的养花经验与知识。宋赵希鹄《洞天清禄·古钟鼎彝器辨》："古铜器入土年久，

1 诗作于湖州，胡武平，即胡宿。朱东润《梅尧臣集编年笺注》，页202，上海古籍出版社二○○六年。

2 《全宋诗》，册三○，第19108页。

3 壁画时代为中唐。谭蝉雪《敦煌石窟全集·服饰画卷》，图一五七，商务印书馆（香港）有限公司二○○五年。

4 诗人也或从另一面立论，如舒岳祥《老铜壶》"孙孙子子永享用，下有铭文谁所为。有色无声形制具，不得随俗插花枝"（《全宋诗》，册六五，页41025）。而以古器插梅，亦舒氏所行之花事也，如下文所引。

5 《全宋诗》，册六○，页37957。

6 《全宋诗》，册六五，页41017。

7 《全宋词》，册四，页2464。

8 《全宋词》，册五，页3465。

图 38 《听琴图》局部 故宫藏

图 40 《汉宫图》局部 台北故宫博物院藏　　图 39 《瑶台步月图》局部 故宫藏

受土气深，以之养花，花色鲜明如枝头，开速而谢迟，或谢则就瓶结实。"铜本是植物生长发育所必需的微量元素之一，它既可作为植物体内参与氧化还原过程的多酚氧化酶的辅基，又可以使植物因铜素营养充足而增强抗寒能力。此外古铜器表面因水和二氧化碳的长期侵蚀而生成的铜绿，乃是碱性碳酸铜，原有杀虫、杀菌和防腐之效，铜瓶插花，瓶里的水因此不易变质，瓶里的花则可吸收铜离子以为营养[1]。当然"谢则就瓶结实"的可能性是很小的，《洞天清禄》所举即便是实，也只是特例。

至于铜瓶，其称很早就已经出现，不过在北宋以前，所谓"铜瓶"，以指净瓶，又或汲水之瓶、温酒之瓶为多。皮日休有诗咏栽植药草事，句云"铜瓶尽日灌幽花"[2]，此则汲水浇花之瓶。宋人说到铜瓶，方才涉及折枝插瓶，便是插花和养花，而以北宋末年直至南宋为盛。黄公度《对瓶花独酌》"红红白白两铜瓶"[3]，杨万里《瓶中梅杏二花》"折来双插一铜瓶"[4]，赵孟坚《安吉州赋牡丹》"铜瓶分插递参差"[5]；又晁公溯《咏铜瓶中梅》："折得寒香日暮归，铜瓶添水养横枝。书窗一夜月初满，却似小溪清浅时。"[6]刘克庄《出城二绝》之一："日日铜瓶插数枝，瓶空颇讶折来稀。出城忽见樱桃熟，始信无花可买归。"[7]刘过《沁园春·赠王禹锡》句云："自注铜瓶，作梅花供，尊前数枝。"[8]举出的这几例诗和词，本来都各有背景，各系着作者的身世，这里不

1　周肇基《中国植物生理学史》，页469，广东高等教育出版社一九九八年。

2　《重玄寺元达年逾八十好种名药凡所植多至自天台四明包山句曲丛翠纷糅各可指名余奇而访之因题二章》，《全唐诗》，册一八，页7078，中华书局一九六〇年。

3　《全宋诗》，册三六，页22508。

4　《全宋诗》，册四二，页26182。

5　《全宋诗》，册六一，页38677。

6　《全宋诗》，册三五，页22448。

7　《全宋诗》，册五八，页36210。

8　《全宋词》，册三，页2144。

去细论，只看宋人拈出铜瓶和花寄意抒情言志，都写得很家常、很亲切，而鲜花插瓶差不多就是每天的清课。所谓"古瓶""铜瓶"，南宋时候已经是很常见的商品，因此南宋末年的《百宝总珍集》特从商家角度讲述二者之间的区别。其卷六"古铜"条前面四句口诀云："古铜元本出周时，旧者花粗入眼稀。丁角句容花儿细，此物应当价例低。"下面解释道："古铜坚者颜色绿，多犯茶色，多是雷纹，花样皆别，今时稀有。鼎、花瓶、雀盏之属，丁角、句容及台州亦有新铸者，深绿色，多是细少回文花儿，不甚直钱。"雀盏，即爵盏，亦即仿古爵杯。这里所说出自新铸的"花瓶"，便是诗词所咏养花插花的"铜瓶"。铜瓶的式样或是最为通行的胆瓶，或四方瓶、八方瓶，如遂宁金鱼村窖藏出土的数件（图41、图42、图43、图44）。又或仿古式而做成铜觚，即后世所谓的"花觚""美人觚"，前举《瑶台步月图》《汉宫图》所绘即是。福建南平市区大桥工地出土一件南宋铜觚，可以说是一个比较标准的样式（图45）。与此同时，瓷花瓶的仿古，古铜礼器之外，也多取铜觚为式，如杭州凤凰山老虎洞窑址出土的青瓷觚，其时代约当南宋初年[1]（图46）。

五 大花瓶

用作插花的大瓶，高多在三四十厘米，或者更高一点。北方辽金墓葬砖雕或壁画中常有它的形象[2]（图47、图48、图49）。有的瓶颈处系

1　杜正贤《杭州老虎洞窑址瓷器精选》，图三五，文物出版社二〇〇二年。
2　如河北省文物研究所《宣化辽墓》，彩版六三，文物出版社二〇〇一年；如山西省考古研究所《平阳金墓砖雕》，图七七，山西人民出版社一九九九年；又如稷山县马村金墓砖雕（此为笔者实地考察所见并摄影）。

图 45　铜觚　福建南平市区大桥工地出土

图 46　青瓷觚　浙江杭州凤凰山老虎洞窑址出土

图 41　铜瓶，高 14.6 厘米
四川遂宁窖藏

图 42　铜瓶，高 12.2 厘米
四川遂宁窖藏

图 43　铜瓶，高 16.7 厘米
四川遂宁窖藏

图 44　铜瓶，高 15.5 厘米
四川遂宁窖藏

图 47　河北宣化辽张世卿墓壁画

图 49　山西稷山县马村金墓砖雕

图 48　山西新绛南范庄金墓墓室
东壁彩绘

图 50　白釉瓶，高 23.4 厘米
河北磁县观台磁州窑址出土

图 51　白釉瓶，高 49.6 厘米
河北磁县观台磁州窑址出土

彩帛，这原是佛教艺术中的宝瓶式样[1]，当然大瓶的主要发展线索仍是此前作为生活用具的瓶罂。与作为几案陈设的小瓶相比，这一类安排在厅堂的大瓶开始流行的时间或稍早一些。以图像为比照，北方窑址属于宋代遗存的若干大瓶可定名为花瓶，河北磁县观台磁州窑址所出即是比较集中的一批[2]（图50、图51）。又湖南益阳县泞湖出土一件北宋青瓷大瓶，高42厘米，口径12厘米，侈口，短颈，丰肩，以向下的收分显出瓶身柔和的曲线。重要的是，此器颈肩结合处阴刻"熙宁五年花钵"六个字[3]（图52）。南京博物院藏一件金代萧窑白瓷瓶，瓶身铭曰："白土镇窑户赵顺谨施到慈氏菩萨花瓶一对，供养本镇南寺。时皇统元年三月二十二日造。"[4]瓷瓶虽然颈部残失，但以保存完好者相比照，整体造型不难大略推知。两例自然是可作为依据的实例（图53）。几种大瓶造型的渊源也都很早，但用途大约始终比较宽泛，直到宋辽金时代鲜花插瓶作为家居陈设蔚为风气，才成为大致固定的花瓶式样。

另一个很著名的例子，是美国纳尔逊博物馆藏磁州窑白地黑花龙纹大瓶，瓶高56.8厘米，长颈，鼓腹，下部仰莲的莲瓣之缘有"花

1　如新绛南范庄金墓墓室东壁上的格子门屏心，《平阳金墓砖雕》，图七七。宝瓶，又作贤瓶，均是佛经中迦罗奢或羯罗舍的意译，《大日经》卷二《具缘品》云："次具迦罗奢，或六或十八，备足诸宝药，盛满众香水，枝条上垂布，间插花果实，涂香等严饰，结护而作净，系颈以妙衣。"瓶颈处系彩帛，便是"系颈以妙衣"，宣化辽张世卿墓后室顶部彩绘星图中的宝瓶，即是表现清晰的一例，见《宣化辽墓》，彩版六七。

2　《观台磁州窑址》，彩版九：3、彩版一○、彩版三○：1。相关的讨论，见秦大树《宋元时期磁州窑瓶类器物的发展及其使用功能探讨》，页30，《南方文物》二○○一年第四期。

3　陈峻《湖南益阳县泞湖出土北宋"熙宁五年"青瓷梅瓶》，页96，《考古》二○○五年第十二期。按"熙宁五年"下面两个字笔画略有漫漶，原文未曾识读（作"□□"），"花钵"之确认，系承孙机先生赐教。

4　此器系征集于安徽萧县白土镇。宋伯胤《萧窑瓶》，载《中国珍宝鉴赏丛书·南京博物院藏宝录》，页141～142，上海文艺出版社等一九九二年。

图 52 "熙宁五年花钵"（摹本）湖南益阳泞湖出土　图 53 萧窑瓷瓶 江苏南京博物院藏　图 54 白地黑花龙纹大瓶 纳尔逊博物馆藏

瓶刘家造"五字铭文，因可明确作为宋代花瓶样式中的一个类型（图54、图55）。不过曾有学者认为它是后世仿品，并提出几个主要疑点，即从造型看，此件比例失调，颈部过长，足又撇得过大，与宋代瓶的造型不同；从纹饰看，宋代磁州窑器以龙纹为饰者极少，而此龙形象呆板，画五爪，违背了宋代龙画三爪的规律；此外，则是"花瓶"一

图 55 白地黑花龙纹大瓶上"花瓶刘家造"铭文

词在宋代还没有出现[1]。这一观点近年已受到质疑，或引宋杨万里《谢亲戚寄黄雀诗》"瓷瓶浅染茱萸紫"，以证"用瓷瓶插花在宋代其实是很流行的"，又引《西湖老人繁胜录》关于端午节花瓶插花供养一段纪事，证明宋代有"花瓶"之称[2]。又或从装饰手法的角度，引证辽宋时代的其他例子，认为此件当出自河南地区窑场[3]。几点意见都很有说服力，当然可议者尚不止此，本文此前举出的相关故事其实均可为证。

　　此外一例，是标明"刘家造"的另一件

陶花器，长方形，口沿一周回纹，下有四个花头足，底面阴刻"南控鹤营内　刘家造花槛"两行十个字，字体风格与"花瓶刘家造"相去不远（图56、图57）。花器系出在北京磁器口一座约当大定年间的金墓[4]。铭文之"槛"应是"鑑"字之假，或意在取其古雅。控鹤在北宋初年曾用作禁军步兵之称，但不久即易名天武[5]。而辽在幽州城中有汉兵八营，其中之一名控鹤[6]。由器铭来推测，控鹤营似作为地名曾长期沿用。

六　余论

瓶花本来是从礼佛的香花供养而来，演变过程中伸展出室内陈设和几案清玩的一支，且因各方面的条件适合而使得它枝繁叶茂。但本源却依然顺流而行不曾断绝，并且礼佛之外又用于祭祀，由此发展出明清时代的所谓"五供"，即花瓶一对，烛台一对，香炉居中，一字排开设于供案。不过宋代多见的仍是中间香炉，两侧花瓶，不论礼佛抑或祭祀。前者之例，如日本京都大德寺藏南宋《五百罗汉图·罗汉

1　冯先铭《仿古瓷出现的历史条件与种类》，页15，《故宫博物院院刊》一九九四年第一期；又冯先铭、冯小琦《磁州窑瓷器与历代仿品》，页51，《收藏家》一九九九年第二期。

2　《宋元时期磁州窑瓶类器物的发展及其使用功能探讨》，页30~31。

3　刘涛《宋辽金纪年瓷器》，页33~36，文物出版社二〇〇四年。

4　王清林等《瓷器口出土的金代石椁墓》，页330，北京辽金城垣博物馆《北京辽金文物研究》，北京燕山出版社二〇〇五年。

5　《续资治通鉴长编》卷十七开宝九年七月乙巳，太祖"幸控鹤营，观骑士射"。同书卷十八太平兴国二年正月庚辰："诏以美名易禁军旧号，铁骑曰日骑，控鹤曰天武。"

6　宋人路振于大中祥符初使辽，撰《乘轺录》以纪行，其中说到幽州"城中汉兵八营，有南北两衙兵，两733林兵，控鹤、神武兵，雄捷兵，骁武兵"。又《契丹国志》卷十三《景宗萧皇后传》："国中所管幽州汉兵，谓之神武、控鹤、羽林、骁武等，皆后自统之。"

图 56　陶花器　北京磁器口金墓出土

图 57　陶花器铭文

供》（图 58）；后者之例，如辽宁省博物馆藏南宋《孝经图》中的祭祀场面（图 59、图 60）。

　　最后再来看遂宁金鱼村窖藏中的器物，应可容易识得瓶类中的花瓶之属 [1]。龙泉窑各式小瓶在这里占得多数，胆瓶、瓜棱瓶、贯耳瓶、管耳瓶（图 61），等等，高均为十几厘米。琮式瓶，出自龙泉窑者为一对大瓶（图 62），小瓶则有青石制作的一对（图 63）。此即明人眼中的花器之雅品，名作蓍草瓶，而赏鉴的品味当是遥承宋人，前面举出的花觚也是同样的例子。两件景德镇青白釉印花双凤纹碗碗心图案中装饰着插花的弦纹瓶，而它与窖藏中的龙泉窑弦纹瓶式样完全相同，那么后者是花瓶，这自然是最为直接的证据（图 64、图 65）。铜瓶数件，均是宋代花瓶的常见样式。窖藏中制作精好的龙泉窑仿古式青瓷小香炉，屡见于宋人题咏的蟾蜍砚滴，与各式小花瓶正是当日几案陈设习见的组合。总之，这批窖藏中的花瓶不仅品类丰富，而且集中体现了它所属时代的雅尚，诚可视作记述了宋代瓶花故实的一批珍贵标本 [2]。

　　鲜花插瓶不是中土固有的习俗，而瓶花最早是以装饰纹样率先出

图 58 《五百罗汉图·罗汉供》局部 日本京都大德　图 59　南宋《孝经图》局部 辽宁省博物馆藏
寺藏

图 60　南宋《孝经图》局部 辽宁省博物馆藏

1　以下所举诸例，均为观展所见并摄影。

2　以此而阅明袁宏道《瓶史》，所谓"养花瓶亦须精良"，"尝见江南人家所藏旧觚，青翠入骨，
砂斑垤起，可谓花之金屋。其次官、哥、象、定等窑，细媚滋润，皆花神之精舍也。大
抵斋瓶宜矮而小，铜器如花觚、铜觯、尊罍、方汉壶、素温壶、匾壶，窑器如纸槌、鹅颈、
茹袋、花樽、花囊、蓍草、蒲槌，皆须形制短小者，方入清供"，更可见明代士人雅趣之
渊源。

71

新编
终朝采蓝
上

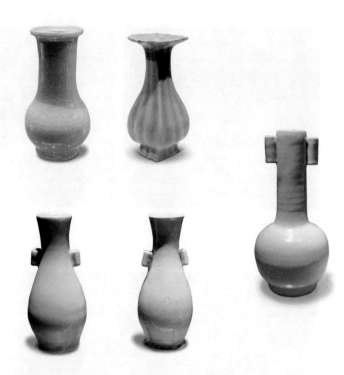

图 61　龙泉窑小瓶　四川遂宁金鱼村窖藏

图 62　龙泉窑琮式瓶　四川遂宁金鱼村窖藏

图 63　青石琮式瓶　四川遂宁金鱼村窖藏

图 64　景德镇青白釉印花双凤纹碗
四川遂宁金鱼村窖藏

青白釉印花双凤纹碗碗心的弦纹瓶

图 65　龙泉窑弦纹瓶　四川遂宁
金鱼村窖藏

现在艺术品中，它与佛教相依在中土传播，走了很远的路，从魏晋直
到南北朝，从西域一直到中原、到南方。瓶花虽然作为纹饰很早就是
艺术形象中为人所熟悉的题材，而花瓶一词的出现，特别是有了人们
普遍认可的固定样式，却是很晚的事，——大约可以推定是在北宋中
晚期。如果把对它的叙事分作两个不同语汇的系统，那么可以说一个
是实物的，其中包括各种图像；一个是文献的，其中包括诗词歌赋。
在以实物为语汇的叙事系统中，瓶花是从魏晋南北朝而隋唐、而两宋，
直到元明清的一个始终不断的繁荣史。而在以文献为语汇的叙事系统
中，花瓶是从晚唐五代开始进入赏爱品鉴的视野，直到两宋才成为日
常生活中几乎不可或缺的装点，由此而发展成为典丽精致的生活艺术。
至于两套叙事系统的合流，则完成于宋代，并且自此以后开始沿着共
同的走向，向着丰满一途发展。

文房四士总相依

以书写用具随葬，在先秦墓葬中即已常见，不过那时候还没有出现"文房"的习称，文房器具——笔墨纸砚之外，尚包括各种清玩——自然也还没有成为士人爱赏的雅物。"文房四宝"之说虽然宋代已经出现，不过两宋士人更喜欢的称谓还是"文房四士"或"文房四友"。狭义的文房用具，南宋刘子翚《书斋十咏》中的十事是其大要，即笔架、剪刀、唤铁、纸拂、图书、压纸狮子、界方、砚瓶、灯檠、楮案木[1]。此十咏也正有附和者，便是刘克庄的《戏效屏山书斋十咏》[2]。屏山，即刘子翚。广义的文房用具，由南宋刻本《碎金》中《士具》一项列出的诸般器物可见一般，即如砚篮、笔墨、书筒、砚匣、笈笥、书架、笔架、糊筒、滴水、裁刀、书剪、书攀、榜子匣、镇纸、压尺、界方[3]。对照南宋林洪《文房图赞》所绘各事，如笔、墨、纸、砚、砚滴、笔架、臂搁、镇尺、界方、书剪、裁刀、糊筒、印章、都承盘[4]，两宋文房诸物的品类、名称、用途以及式样之大概，已可得其泰半。考古发现中两宋士大夫墓葬出土器物的情况，也与此大体相合。

一 出土器物之大略

以"文房四士"而论，纸最不易保存，因此几乎不见于考古发掘。砚不易损，因此发现的数量最多。以形制言，唐代流行的风字砚两宋依然习用，此外常见的是圆砚，更有宋代特色的则是抄手砚。以质地

---

1 《全宋诗》，册三四，页 21418，北京大学出版社一九九八年。
2 《全宋诗》，册五八，页 36608。
3 《碎金》(《重编详备碎金》)，天理大学出版社影印本一九八一年。
4 《说郛》(宛委山堂本)，弓九十九。

言，宋砚以端、歙为主，而又有洮砚、红丝石砚、贺兰石砚、澄泥砚。江西南丰县莱溪公社北宋曾巩墓抄手石砚[1]（图1），江苏常州武进郑陆寺墩遗址出土底有"熙宁八年"款的抄手石砚[2]（图2、图3），广东潮州市东郊刘景墓出土抄手端砚[3]（图4），安徽合肥大兴集包绶夫妇墓出土抄手歙砚[4]（图5），陕西蓝田北宋吕氏家族墓地吕仲山妻墓出土抄手贺兰石砚[5]（图6），江苏扬州市郊城北三星村宋墓出土北宋"仲举澄泥"铭砚[6]（图7），安徽休宁南宋朱晞颜夫妇墓出土圆形三足歙砚[7]（图8），江西婺源庄门店南宋张敦颐墓出土抄手龙尾歙砚[8]（图9），安徽歙县小北门出土眉纹枣心歙砚[9]（图10）。形制殊异者，如广东佛山市澜石镇鼓颡岗墓葬出土琴式端砚、江苏无锡市胡埭杨湾出土琵琶式石砚[10]（图11、图12）。

1　今藏江西省博物馆，此为观展所见并摄影。

2　今藏常州博物馆，此为参观所见并摄影。

3　今藏广东省博物馆，此为参观所见并摄影。

4　歙砚砚面上方凿菱花形水池，下方刻圆角长方形墨池，两池之间有一沟槽相通。出土时墨池中残存油烟墨数块。砚系包绶生前所用。绶乃包拯次子，为朝奉郎、通判潭州军州事，赐绯鱼袋，崇宁四年（1105）卒，葬于合肥包氏墓地。国家文物局《中国文物精华大辞典·金银玉石卷》，页446，上海辞书出版社等一九九六年。器藏安徽博物院，本书照片为观展所摄。

5　出自位于吕大雅墓之后的六号墓，发掘者推测墓主人为吕仲山之妻。陕西省考古研究院等《异世同调：陕西蓝田吕氏家族墓地出土文物》，页22，中华书局二○一三年。本书照片为观展所摄。

6　徐良玉等《扬州馆藏文物精华》，图一一七，江苏古籍出版社二○○一年。今藏扬州博物馆，本书照片为观展所摄。

7　《中国文物精华大辞典·金玉漆石卷》，页447。

8　詹祥生等《婺源博物馆藏品集粹》，图九五，文物出版社二○○七年。张敦颐（1097—1183），字养正，江西婺源人，绍兴八年进士，历官潭州左司理参军，仪真、邵武、南剑州教授，宣州通判，舒州、衡州守。精于文史，著述甚多。见《故衡阳郡太守张公埋文》（婺源博物馆藏）。

9　今藏安徽省博物馆，此为参观所见并摄影。

10　前例今藏广东省博物馆，后例今藏无锡市博物馆，本书照片均为参观所摄。

图1 抄手石砚 江西南丰县莱溪
公社北宋曾巩墓出土

图2 "熙宁八年"款抄手石砚
江苏常州武进郑陆寺墩遗址出土

图3 抄手石砚 安徽青阳金龟
原北宋滕子京家族墓地出土

图4 抄手端砚 广东潮州市东
郊刘景墓出土

图5 抄手歙砚 安徽合肥大兴集
包绶夫妇墓出土

图6 抄手贺兰石砚 陕西蓝田北
宋吕氏家族墓地出土

图7 "仲举澄泥"铭砚 江苏扬
州三星村宋墓出土

图8 圆形三足歙砚 安徽休宁南
宋朱晞颜夫妇墓出土

图9 抄手龙尾歙砚 江西婺源
庄门店南宋张敦颐墓出土

图10 眉纹枣心歙砚 安徽歙县
小北门出土

图11 琴式端砚 广东佛山澜石
镇鼓颡岗墓葬出土

图12 琵琶式石砚 江苏无锡胡
埭杨湾出土

图 13　砚匣　江苏常州武进村前乡南宋墓出土　　　图 14　歙砚　江苏常州武进村前乡南宋墓出土

与砚合为一组的常常是砚盒，亦即《碎金·士具》列举的砚匣，这也正是它在生活中的情景。砚匣的质地或是金属，或为漆器。江苏无锡兴竹宋墓出土内置抄手歙砚的黑漆砚匣[1]、安徽合肥朱岗村马绍庭夫妇墓出土内置歙砚的漆砚匣[2]。常州武进村前乡南宋墓出土内置歙砚的金属砚匣，匣底有一个手指大小的圆孔，开启砚匣的盖子，手指从这个圆孔向上一顶，石砚即可方便取出[3]（图13、图14）。陆游《家世旧闻》卷下说到红丝石砚"匣必用银，若用漆匣，则气液蒸润，未几辄败"，既以红丝砚之特殊而必以银匣，那么通常置砚当是多选用漆匣。

两宋笔、墨、砚的制作，均有名家，作品甚为士大夫所珍，每每见于题咏。不过笔之保存为难，出土实物很少。分别出土于合肥朱岗村北宋马绍庭夫妇墓、常州武进村前乡南宋墓[4]、常州常宝钢管厂宋墓[5]、福州茶园山南宋许峻墓的毛笔[6]，是难得的几个实例。马绍庭夫妇墓出土竹管毛笔五支，笔毛已朽，笔芯也已炭化，似为硬毫与麻纤维制成柱心，软毫为披，属长锋柱心笔[7]（图15）。常州武进村前乡南宋墓一号墓出土毛笔一支，芦秆制作笔管和笔套，笔毫已脱，尚存细丝缠绕（图16）。出自常宝钢管厂宋墓的一支兔毫，外裹一层织物，笔管与笔套均为竹制，方处于缠纸笔到散卓笔的过渡阶段，是保存状态最好的一例（图17）。

图 15　毛笔 安徽合肥朱岗村北宋马绍庭夫妇墓出土

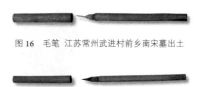

图 16　毛笔 江苏常州武进村前乡南宋墓出土

图 17　毛笔 江苏常州常宝钢管厂宋墓出土

　　当日即为人珍爱的名家制墨，也分别发现于马绍庭夫妇墓与武进村前乡南宋墓。前者所出为"九华朱覬墨""歙州黄山张谷男处厚墨"各一锭[8]。后者为出自四号墓的叶茂实制"寸玉"墨（图18）。原为长条形的墨锭上半段已失，下半段正面模印贴金字，完整的一个字为"玉"，上方残存的字迹，可认出是"寸"。背面中间模印长方形边框，框内存"实制"二字，由上方依稀可辨的"茂"字残划，知此墨当系南宋著名墨工叶茂实所制[9]。

1　一号墓出土，砚长23厘米、宽13.5厘米（一号墓的时代，以出土漆器论，当在北宋熙宁四年至六年），无锡市博物馆《江苏无锡兴竹宋墓》，页21，《文物》一九九〇年第三期。

2　合肥市文物管理处《合肥北宋马绍庭夫妻合葬墓》，页35，《文物》一九九一年第三期。

3　此系四号墓出土，陈晶等《江苏武进村前南宋墓清理纪要》，页258，《考古》一九八六年第三期。按器藏常州博物馆，承博物馆惠允，得以前往观摩并拍照，以下所举武进村前乡宋墓出土物，皆同。

4　《江苏武进村前南宋墓清理纪要》，页258。

5　陈丽华等《常州博物馆五十周年典藏丛书：漆木·金银器》，页14，文物出版社二〇〇八年。

6　竹制笔管，银制笔套，但笔毫已不存，与墨、砚同出。福建省博物馆《福州茶园山南宋许峻墓》，页29，《文物》一九九五年第十期。

7　胡继高《记合肥市郊宋墓出土墨锭、毛笔的脱水与修复》，页41～43，《文物》一九九一年第三期；安徽省文物事业管理局《安徽馆藏珍宝》，图二六一、图二六〇，中华书局二〇〇八年。今藏安徽博物院，本书照片为观展所摄。这里关于毛笔样态的叙述，汲取了江西进贤制笔名家李小平的意见。

8　胡东波《合肥出土宋墨考》，页44～46，《文物》一九九一年第三期。

9　《江苏武进村前南宋墓清理纪要》，页258。按南宋顾文荐《负暄杂录》"墨"条曰："近世唯三衢叶茂实得制墨之法，清黑不凝滞，诚名下无虚士也。惜老叶亡后，其子不得其传，大不及之，而翁彦卿等往往盗茂实名逐利而已，不足贵也。"

新编
終朝采蓝
上

图18　叶茂实制"寸玉"墨正面　江苏常州
武进村前乡南宋墓出土

叶茂实制"寸玉"墨背面

图19　白石压纸狮子　陕西蓝田
北宋吕氏家族墓地出土

图20　石雕犀牛镇纸　浙江诸暨南宋董康嗣墓出土

图21　玉兔镇纸　浙江衢州南
宋史绳祖墓出土

图22　水晶辟邪镇纸　浙江龙
游寺底袁村南宋墓出土

图23　水晶剑环式镇纸　江苏常
州武进村前乡南宋墓出土

《碎金·士具》列举的镇纸、镇尺、笔山，虽然起源可以上溯，但都是至宋代而盛行，并且在此际形成特色。镇纸原是从席坐时代用作押席角的石镇、玉镇、铜镇变化而来，坐具改变之后，席镇也逐渐改换用途，苏轼诗"夜风摇动镇帷犀"，所云"镇帷犀"[1]，则即镇押帷幔的犀镇。若为文房用具，便是用来镇押纸或绢帛的两个角。或旧物利用，或模仿旧式，镇纸多为造型浑圆的各种"象生"：犀牛、狮、虎、羊、兔，又或蟾蜍、辟邪之类。黄庭坚诗有"海牛压纸写银钩"[2]，宋任渊注此句云："海牛，犀也。"则所咏乃犀牛镇纸。刘子翚《书斋十咏·压纸狮子》一首曰："镇浮须假重，刻石作狻猊。偶以形模好，儿童竞见知。"北宋吕氏家族墓地出土一枚白石压纸狮子，正是诗人所咏"刻石作狻猊"[3]（图19）。又浙江诸暨南宋董康嗣墓出土石雕犀牛镇纸一对[4]（图20），衢州南宋史绳祖墓出土玉兔镇纸[5]（图21），龙游县寺底袁村南宋墓出土水晶辟邪镇纸一枚[6]（图22），都是可爱当令"儿童竞见知"的文房小品。镇纸又或取用颇见古意的造型，武进村前乡南宋墓出土一大一小两枚水晶镇纸，便为剑环式[7]（图23）。宋人

1 《四时词四首·其四》，《苏轼全集校注》（张志烈等），册四，页 2288，河北人民出版社二○一○年。"犀"，注云："以犀纹为饰之金盘。"误。

2 《六舅以诗来觅铜犀，用长句持送，舅氏学古之余复味禅悦，故篇末及之》，《山谷诗集注》，页 977，上海古籍出版社二○○三年。

3 出自吕义山墓，今藏陕西省考古研究院，此为观展所见并摄影。

4 诸暨县文管会《浙江诸暨南宋董康嗣夫妇墓》，图版五：1，《文物》一九八八年第十一期。器藏诸暨博物馆，本书照片为参观所摄。以下所举董康嗣墓出土物，皆同。

5 衢州市文管会《浙江衢州市南宋墓出土器物》，图版六：4，《考古》一九八三年第十一期；浙江省博物馆《梦粱物鉴：浙藏南宋文物珍品展》，页 10、30，香港文汇出版社二○一一年。

6 浙江省文物考古研究所《浙江宋墓》，图版一六：1、2，科学出版社二○○九年。

7 据《江苏武进村前南宋墓清理纪要》，一大一小两枚镇纸系出自一号墓，一为水晶，一为象牙（页 258）。不过收入《常州博物馆五十周年典藏丛书：玉器·画像砖》中出土于村前乡南宋墓两枚一大一小的镇纸，均为水晶（页 35）。

图 24 《女孝经图》局部 故宫藏　　　　图 25 《西园雅集图》局部 纳尔逊博物馆藏

画作中也可见到镇纸的陈放和使用，如故宫藏南宋《女孝经图》
（图 24）、美国纳尔逊博物馆藏马远《西园雅集图》（图 25）。

《西园雅集图》中，与镇纸同时使用的又有一枚镇尺。镇尺也称
书镇、压尺，又或界尺。镇尺可镇书也可压纸，马远《西园雅集图》
正把它描绘得清楚。镇尺的出现或与写字作画使用纸张的大小变化相
关。宋代书画用纸尺幅较前明显增大，乃至出现几丈长的匹纸，辽宁
省博物馆藏宋徽宗《草书千字文》，便是写于长逾三丈的整幅描金云
龙笺[1]。梅尧臣有诗报谢欧阳修赠澄心堂纸二幅，起首言道，南唐名
品澄心堂纸国破后为宋廷所得，却因"幅狭不堪作诏命"，遂"弃置
大屋墙角堆"[2]，也可见唐宋朝廷用纸大小的不同。发生在唐宋之际
的这一变化，与书案由小向大的演变正是同步。

镇尺如尺，不过中间做出捉手，捉手多取兽形，材料也多为玉、
石和铜，并且总是成对。镇尺初有别号，称作"由准氏"，见《清异
录》；又称作"隔笔简"，见宋《国老谈苑》卷一：太宗"以柏为界尺，长
数寸，谓之隔笔简，每御制或飞宸翰，则用以镇所临之纸"。可知它
的压纸，是为着书写时作一个界划行间距离的参照，南宋林洪作《文

房图赞》为诸物委以官职，镇尺即得名"边都护"，宋人咏镇尺也多取此意。北宋张方平《谢人赠玉界尺》，"美玉琢温润，界尺裁方直。非惟立规矩，亦以端简册"；北宋韦骧《花铁书镇》："铁尺平如砥，银花贴软枝。成由巧匠手，持以镇书为。弹压全繄尔，推迁实在台。不能柔绕指，方册最相宜"[3]。考古发现的宋代镇尺以金属制品为多，或铁，又或铜。陕西蓝田北宋吕氏家族墓出土铁镇尺[4]（图26）、南京江浦黄悦岭南宋张同之墓[5]（图27）、福州茶园山南宋许峻墓出土铜镇尺，式样均与《文房图赞》中的"边都护"大体一致。吕氏家族墓地一号墓所出铁镇尺，长31.2厘米，宽1.7厘米，通体光素无纹，中有一个蘑菇头的捉手，正是"铁尺平如砥"。墓主人为吕大雅，同墓出土有陶砚。南宋许峻墓的一对铜镇尺系与笔、墨、砚同出[6]，镇尺中间一个小兽为捉手，正面装饰两道精细的回纹，——若依《营造法式》卷三十三《彩画作制度图样》列举的名称，则当呼作"香印纹"。虽然未如诗人的花铁书镇以"银花贴软枝"，亦即用"减铁"工艺嵌作折枝花，但装饰意匠大抵相同。

窄长如尺的镇尺之外，尚有造型长方而厚、截面略近方形的一种，分量较界尺为重，唐五代时即已出现，似多用来压书，故有"压书界

1　潘吉星《中国科学技术史：造纸与印刷卷》，页203，科学出版社一九九八年。

2　梅尧臣《永叔寄澄心堂纸二幅》："……江南李氏有国日，百金不许市一枚。……当时国破何所有，帑藏空竭生莓苔。但存图书及此纸，辇大都府非珍瑰。于今已逾六十载，弃置大屋墙角堆。幅狭不堪作诏命，聊备麤使供鸢台……"朱东润《梅尧臣集编年校注》，页156，上海古籍出版社二〇〇六年。

3　《全宋诗》，册六，页3881；册一三，页8551。

4　铁镇尺出自一号墓，今藏陕西省考古研究院，此为观展（《异世同调》）所见并摄影。

5　南京市博物馆《江浦黄悦岭南宋张同之墓》，页64，图八，《文物》一九七三年第四期。按本书照片为观展所摄。

6　《福州茶园山南宋许峻墓》，页28，图一八：4。

图 26　铁镇尺　陕西蓝田北宋吕氏家族墓地出土

图 27　铜镇尺　江苏南京江浦黄悦岭
南宋张同之墓出土

图 28　影青瓷砚滴　江苏无锡兴竹宋墓出土

方"之说[1]。《碎金·士具》中列举的界方，当即此物[2]。北宋彭汝励《答周考功惠黄丝棕心席、玉面界方》句云"刚严碧玉方无玷，润泽黄丝席有仪"[3]。"刚严碧玉方无玷"，自是玉界方之誉。刘子翚《书斋十咏·界方》一题称它"抄书防纵逸，界墨作遮阑"，则是界方主要功用。江苏淮安杨庙镇北宋杨公佐墓出土一件长方形的"漆镇纸"[4]，或即与镇尺功用略近而稍短且厚的界方。

作为文房用具的水盂，在宋人大约是归入砚滴、滴水或曰砚瓶一类的。刘子翚《书斋十咏·砚瓶》"小瓶防砚渴，埏埴自良工。怀抱清谁见，聊凭一滴通"[5]，述其要义甚明。既曰"埏埴自良工"，所咏自然是瓷砚瓶。"怀抱清谁见"，言其为葆清洁而须密闭；"聊凭一滴通"，则口流要细小才好。前举出土歙砚与漆砚盒的无锡兴竹宋墓，同出又有一件影青瓷砚滴，它以俯卧的一对小兽为器身，两兽间耸出鹿角一般的支架，可为捉手也可以架笔，旁侧一个小小的注水孔，另一边有个小短流。通高 6 厘米 [6]（图 28）。前举南宋张同之墓出土近于正方的一件铜水盂 [7]（图 29），高 6.7 厘米，口径 6.4 厘米，口圆有盖，其上一个莲苞钮，盖侧开出一个小缺口，缺口里插着一柄银水匙。浙江诸暨南宋董康嗣夫妇墓出土石雕水盂，通高 4.5 厘米，长 10 厘米。高低前后，峰峦十数，环抱一湖，而成容水之盂，盂有盖，盖以龟为钮，足成水意。盖缘之端做出一个小窍，当是为了插一柄取水的小勺而又不

1　语出杜光庭《神仙感遇传》卷三《御史姚生》，言姚生之子薨见仙子幻化成的一只小白猪，"因以压书界方击之"，其后女仙抱持所伤小儿来见，"逼而视之，自眉至鼻端，如丹镂焉，则界方所击之迹也"。由此可推想界方式样。

2　关于界方的考证，多承邵同麟同道教示。邵君曰：界尺较扁，而界方横截面为方形，大概状如说书的醒木。《朱子语类》卷三十三："木简是界方而六面，即汉所谓'操觚之士'是也。"反推可知界方如觚而四面。又卷五十三："心如界方，一面青，一面赤，一面白，一面黑。"朱子把心比作界方，那么界方须是四面一样大，这比喻才好。《水浒传》第五十一回："锣声响处，那白秀英早上戏台，参拜四方……拍下一声界方，念了四句七言诗。"大概后世的醒木正是界方变来。另外，界方除了压纸，也在书写时作界画之用，所以刘子翚说"界墨作遮阑"。《王十朋全集·文集》卷六《界方铭》："心正笔正，亦惟尔，有以相其正。"亦可见其作用。至于材料，盖以木、铁居多，富贵者亦用象牙。《黄庭坚全集·别集》卷十四《与赵都监帖》："前欲作界方，亦不必桃椰，但得梼木之类亦可。"这是木制。《司马光集》中有"铁界方铭"。《武林旧事》卷八"车驾幸学"条有所谓"牙界方"，那已是御用之物了。另外，界方的分量大概有些重，所以《太平广记》卷六十五"姚氏三子"条载姚氏长子情急之下以界方击豚，并能留下伤痕。

3　《全宋诗》，册一六，页 10546。

4　墓主人为左班殿直、历监蕲州广济台州天台税，卒于绍圣元年。江苏省文物管理委员会等《江苏淮安宋代壁画墓》，页 46，《文物》一九六〇年第八、九期；罗宗真《淮安宋墓出土的漆器》，图版肆：3，《文物》一九六三年第五期。按两文均称此器为镇纸。据罗文《淮安宋墓出土漆器登记表》，漆镇纸长 15 厘米、宽 5 厘米，而未言厚度。推测当与宽略等，否则不会以"镇纸"名之。

5　《全宋诗》，册三四，页 21418。

6　今藏无锡博物馆，本书照片为观展所摄。

7　《江浦黄悦岭南宋张同之墓》，页 64，图七。按本书照片为观展所摄。

图 29　铜水盂　江苏南京江浦黄悦岭
南宋张同之墓出土

图 30　石雕水盂　浙江诸暨南宋董康嗣夫妇墓出土

入灰尘，与张同之墓出土铜水盂的设计构思一致，不过更以湖光山色
秀出清清一泓（图 30）。南宋万俟绍之有诗题作《方水滴子》，诗曰："质
由良冶就，心向主人倾。外仿片金制，中藏勺水清。兔毫芳露染，龙
尾湿云生。终令双眸炯，曾窥妙女成。"[1] 此所谓"兔毫"，指笔，"龙尾"，
指砚。所咏方水滴子，即砚滴。张同之墓出土铜水盂，便正是宋人笔
下的方水滴子。两宋砚滴更为常见的式样为蟾蜍"象生"[2]（图 31）。
浙江龙游寺底袁南宋墓出土三足蟾蜍铜砚滴一件，高 4.8 厘米、长 8.2
厘米，背有一个注水圆孔[3]（图 32）。刘克庄《蟾蜍砚滴》："铸出爬沙状，
儿童竞抚摩。背如千岁者，腹奈一轮何。器较瓶罂小，功于几砚多。
所盛涓滴水，后世赖余波。"[4] 适可为此器作赞。

　　《书斋十咏》与《碎金·士具》均有笔架一题，《文房图赞》则
名作石架阁。拈出"石"来作为姓氏，即因笔架多以石制，《图赞》
所绘"石架阁"，正是群峰耸峙的一屏叠嶂。"石架阁"，山石笔格也。
宋置架阁官，职掌档案文书，因戏以此官命之。笔山原是从砚山而来，
也因此笔架又有笔山之名。山或有池可以为砚，峰峦夹峙又恰好搁笔，
砚山、笔山并无一定，而宋人一片深心尽在于"山"，至于可为砚，

图31 景德镇窑蟾蜍砚滴 四川遂宁金鱼村窖藏

图32 三足蟾蜍铜砚滴 浙江龙游寺底袁南宋墓出土

可置笔，可作砚滴，皆其次也。

笔山多选用天然巧石。南宋赵希鹄《洞天清禄·笔格辨》："灵璧、英石自然成山形者可用，于石下作小漆木座，高寸半许，奇雅可爱。"《百宝总珍集》卷三"灵璧石"条曰："灵璧石山子立者或有卧者，先看样范好弱，无石脉颜色、黑如漆者堪好。亦有小块儿山石峰儿巧者，亦有折断用胶粘不觉者，仔细看之。此物文官多爱。亦有墨染蟝出光假者。英州看石，山峰多者着主。"[5] 这是从商业角度讲述的意见，虽语言甚村乃至不很通顺，所述情景倒是更为实在。笔山的流行，缘自宋人爱石，当然以峰多形峻者为上选。唯纯出天然而可入赏鉴者究竟难求，因此峰峦造型多为人工。出土石雕犀牛镇纸、石雕湖山小景水盂的南宋董康嗣墓，还出土了石雕三十二峰笔架。群山一脉，陂陀数重，虽不见水，却有湖光映照下的山色鲜媚（图33）。除却天然巧石，笔架的取材尚有陶瓷、漆木和

1 《全宋诗》，册四九，页30961。
2 如四川遂宁金鱼村南宋窖藏中的景德镇窑蟾蜍砚滴。本书照片为观展所摄。
3 《浙江宋墓》，图版一七：1。
4 《全宋诗》，册五八，页36186。
5 《玄览堂丛书三集》。

图 33　石雕笔架　浙江诸暨南宋董康嗣墓出土

图 34　水晶笔山　浙江衢州南宋史绳祖墓出土

图 35　水晶笔架　浙江龙游寺底袁南宋墓出土

图 36　白石双狮笔架　陕西蓝田北宋吕氏家族
墓地出土

图 37　铜六面印　江苏南京江浦黄悦岭南宋
张同之墓出土

图 38　印章与印匣　江苏苏州虎丘窑厂北宋胡献
卿夫妇墓出土

铜[1]，而更有水晶。"璞琢穷工巧，书帷适用高。得邻辉宝墨，栖迹卧文毫。匪月光长在，非冰暑自逃"[2]，乃北宋韦骧咏水晶笔架之句。分别出自浙江衢州南宋史绳祖墓和龙游寺底袁村南宋墓的水晶笔山莹澈似冰，恰与诗笔相契[3]（图34、图35）。又陕西蓝田吕氏家族墓出土一具白石双狮笔架，造型取了中间高两边低的笔山之势，却是一对舞爪戏耍而不失威风的小狮子[4]（图36）。南宋方一夔有诗咏《太湖石狮子笔架》，道是"忆昔金仙去后遗双狻，化作双玉南海边"，"烂烂眼有百步威，安眠不动镇书帷"[5]，正仿佛同一物事，虽然二者岁月相隔不止百年。

《书斋十咏》中的"图书",即《文房图赞》中的"印书记",便是印章,亦即私印。若公章,当名作"牌印",如《碎金·公用》一项所举[6]。印章是书信往来、诗翰赠答、写书作画之所需,也多见于两宋士大夫墓葬,有的并盛以印匣。南京江浦张同之墓出土一方铜六面印[7](图 37)。苏州虎丘窑厂北宋胡献卿夫妇墓出土一具盝顶石印匣,内里放置青铜名章("献卿")一方[8](图 38)。《碎金·士具》所列又有裁刀、书剪,便是《文房图赞》中的"刁吏书""齐司封"。"糊筒""胡都统",则即糨糊筒。牓子匣之"牓子",俗亦作"榜子",即名刺或曰名纸[9],牓子匣乃用以置放此物。然而无论士人抑或商贾,宋人叙述中的文房诸器,均不见所谓"洗"。作为文房用具的洗,其流行是在明清。至于插笔之用的笔筒,也不见于两宋,它大约自明代方始蔚成风气,而与竹刻的发达密切相关,虽然兴盛之后便有了各种质地的作品。宋徽宗《宣和宫词》:"宝烟遥洞悉乔松,团墨新翻制作功。预遣丹青模巧样,百花云里更盘龙。"又:"纹窗几砚日亲临,雅玩娱情

1　四川大邑县安仁镇宋代窖藏中与端砚、镇纸同出的有端石制作的笔山,大邑县文化馆《四川大邑县安仁镇出土宋代窖藏》,图一七,《文物》一九八四年第七期;杭州北大桥宋墓与抄手石砚同出的有漆笔架,浙江省文物考古研究所《杭州北大桥宋墓》,页 57,《文物》一九八八年第十一期;又江西临川南宋邵武军朱济南墓与石砚同出的有十一峰铜笔山,陈定荣等《江西临川南宋邵武军朱济南墓》,图一:6,《考古》一九八八年第四期。

2　《水晶笔架》,《全宋诗》,册一三,页 8549。

3　衢州市文管会《浙江衢州市南宋墓出土器物》,图版五:4,《考古》一九八三年第十一期;《浙江宋墓》,彩版一六:3。

4　今藏陕西历史博物馆,本书照片为观展所摄。

5　《全宋诗》,册六七,页 42255。

6　南宋赵升编纂《朝野类要》"牌印"条曰:"印司掌铜、木朱记,以牌诣本官请关印。用印毕封固,复纳之。凡牌入则印出,印入则牌出,盖立法防严之意也。"

7　今藏南京市博物馆,本书照片为观展所摄。

8　苏州博物馆《苏州博物馆藏出土文物》,页 194,文物出版社二〇〇九年。

9　南戏《张协状元》,"要见状元,便着紫衫,我便传名纸";"奴家不具榜子参贺"。榜,牓之假借。按明清时代名纸通称拜帖,牓子匣遂称作拜匣。

图 39　木卷轴　江苏常州武进村前乡南宋墓出土

务讨寻。笔格砚屏皆宝制，镇书唯重褭蹄金。"所云"笔格砚屏皆宝制，镇书唯重褭蹄金"，自然是皇家气派，而非士人文房可备。南宋周必大《淳熙玉堂杂记》卷中，记其被宣入选德殿草诏日，见"御前设小案，用牙尺压蠲纸一幅，傍有漆匣、小歙砚，真笔墨于玉格"[1]。此为孝宗朝事[2]，恭纪亲见，情景当不虚[3]。而士人之文房清雅，似与此相去不远。墓葬出土器物，正为实证。

　　两宋时代由士大夫引领审美风尚，风气之下，闺中人也不免以才艺相尚。李清照固然是佼佼者，所谓"才力华赡，逼近前辈，在士大夫中已不多得，若本朝妇人，当推词采第一"（王灼《碧鸡漫志》)，但"人间俗气一点无，健妇果胜大丈夫"的女性也并不在少数，比如黄庭坚的姨母李夫人[4]，比如著有《断肠诗集》的朱淑真。"情知废事因诗句，气习难除笔砚缘"（《暮春三首》)；"孤窗镇日无聊赖，编辑诗词改抹看"（《寓怀二首》)[5]，闺秀所结人生"笔砚缘"，与士人不殊。缙绅士大夫之家如此，富室商贾似也从风而慕雅。安徽青阳北宋滕子京家族墓三号墓墓主人为滕子京侍妾，所出《陇西郡李氏墓志》系滕子京撰文。志云，"李氏本番禺富家女也，父贾于海，一旦溺，丧其资，独免于死，遂穷窘"，"李氏尚未笄，体性都雅，稍学词翰，久闻于人，其父母耻嫁为里妇，愿执巾帼于贤士大夫家。时我佐幕征南府，因以得之，自是提挈万里，周旋一纪，执侍左右"[6]。富商之女李氏的故事，大约不是宋代殊例。追摹时尚的歌伎更无论，所谓"最爱学、宫体梳

妆，偏能做、文人谈笑"（柳永《两同心》），是也。两宋夫妇同穴的
双室墓中，文房用具或为女主人的随葬品，如合肥马绍庭夫妇墓，漆
砚、内置歙砚一方的漆砚盒一个，又漆文具盒一具，内置"九华朱觐
墨"一锭，毛笔五支，均出自夫人棺中 [7]。前举吕氏家族墓地吕仲山
妻墓出土抄手贺兰石砚，又武进村前乡南宋墓五号墓出土一件白玉轴
头的木卷轴（图 39），五号墓的墓主人为女性 [8]。卷轴尺寸不大，连两
端轴头通长不过 29 厘米，虽不知它曾同何等书画简纸结伴 [9]，但用于
随葬，总有故事。柳永词曰"有美瑶卿能染翰。千里寄、小诗长简"；
"锦囊收，犀轴卷。常珍重、小斋吟玩。更宝若珠玑，置之怀袖时时看"
（《凤衔杯》），尽管远隔时空，却也不妨聊助想象。

1 《百川学海》，第三函第十六册。
2 周必大于孝宗淳熙二年除敷文阁待制、侍讲，累迁吏部尚书兼翰林学士承旨。
3 前此周必大又有诗作《过余干吴师中秀才以小诗美歙砚次韵谢之》，句云"旧曾起草向
明光，独与罗文近赭黄"，自注："壬辰二月，蒙宣召至选德殿，用御前小歙砚革命相制，
今适三年矣。"诗作于淳熙乙未，所云"壬辰"，为乾道八年。《全宋诗》，册四三，页
26733。
4 黄庭坚《姨母李夫人墨竹二首》句云"深闺静几试笔墨，白头腕中百斛力"（其一）；"人
间俗气一点无，健妇果胜大丈夫"（其二），《山谷诗集注》，页 240。题下注云：米芾《画
史》：朝议大夫王之才妻，南昌县君李氏，尚书公择之妹，能临松竹木石等画，见本即
为之，卒难辨。山谷，盖公择甥也。
5 《朱淑真集注》（冀勤辑校），页 27、页 94，中华书局二〇〇八年。
6 青阳县文物管理所《安徽青阳金龟原北宋滕子京家族墓地清理简报》，页 25，《中原文物》
二〇一三年第三期。
7 简报推测马氏卒于宋徽宗建中靖国元年或稍后，早于马绍庭十余年，因此曾经两次迁葬。
《合肥北宋马绍庭夫妻合葬墓》，页 38。
8 《江苏武进村前南宋墓清理纪要》："五号墓主为女性，……完全是'命妇'装束"（页
259）。
9 卷轴也或用于简纸的存置，《爱日斋丛抄》卷二："王沂公以简纸数轴送人，皆他人书
简后截下纸。"王沂公，王曾也。

图 40　政和元年铭三足歙砚　陕西蓝田北宋吕氏
家族墓出土

图 41　蛙形石砚　福州市西园山南宋墓出土

二 作为随葬品的文房诸物与士人情怀

　　文房四友，以石砚的使用耗材最小，历时当然也最为长久。若为美质，便更为主人所宝，生前亲爱，死后随葬，自在情理之中。北宋范镇《东斋记事》曰"胡旦作大砚，可数尺，镌其旁曰：'宋胡旦作《汉春秋》砚。'遗命埋冢中"[1]。胡旦所作《汉春秋》不传，却留下这一则文房故事而见主人性情[2]。陕西蓝田吕氏家族墓出土一件圆形三足歙砚[3]（图40），砚底铭曰："政和元年十一月壬申，承议郎吕君子功葬，以尝所用歙石纳诸圹，从弟锡山谨铭之曰：为世之珍，用不竟于人。呜呼！"砚主人为吕至山，字子功，是吕大观之子。铭砚之从弟锡山为吕大忠之子[4]。北宋名臣蔡襄以平日所用端砚随葬，嗣后墓葬被盗，端砚也为盗墓者攫取，但也许此砚并非名品，不久又为盗贼所弃，南宋林希逸和刘克庄曾同为此事赋诗寄慨[5]，后村诗《又盗弃端砚一首》句云"此砚随公岁月深"，以平常语而道出砚之于人最为温馨的情味。宋高宗陵墓中随葬的一方端砚，也很可能是平日御案所用之物[6]。刘克庄又有诗咏案头终日相伴的一方石砚失而复得的经历，所谓"几年共学久相于，中道如遗忽弃予"（其一）、"得来矻矻相亲附，飏去频频入梦思"（其二）[7]，自为写实之笔。生活于北宋后期的李彭有诗题作《发故箧获端石蟾蜍研，形模极小，盖予幼小时几案间物，对之肃然如与故人相遇，感而赋诗》[8]，福州市西园山南宋绍兴二十七年墓出土蛙形石砚一方[9]（图41），此物与彼诗所述蟾蜍砚差相一致，虽然二者本来各有故事，但以诗观物，可借以推知用于随葬的"文房四友"每每相系于主人之心曲。陆游《闲居无客，所与度日笔砚纸墨而已，戏作长句》："水复山重客到稀，文房四士独相依。黄金那得与齐价，白首自应同告归。韫玉面凹观墨聚，浣花理腻觉毫飞。兴阑却欲烧香睡，闲听松声昼掩扉。""韫玉"一联，作者自注：韫玉，淄砚名；浣花，蜀笺名[10]。如此情境，也是平居生活的实录，从中当可会得宋人常说的"文房四友""文房四士"，要比所谓"文房四宝"更见深情。

米芾《书史》录北宋薛绍彭诗《论笔砚间物》，道是"研滴须琉璃，镇纸须金虎。格笔须白玉，研磨须墨古。越竹滑如苔，更须加万杵。

1　《东斋记事》（与《春明退朝录》合辑），页47，中华书局一九八〇年。又宋敏求《春明退朝录》卷上曰："杨庶几孜言：胡祕监旦退居襄阳，镌大砚以著《汉春秋》。书成，瘗其砚。每闻大臣名士薨卒，必作传以纪其善恶，然世不传。"

2　王辟之《渑水燕谈录》卷四："胡旦少有俊才，尚气凌物，尝语人曰：'应举不作状元，仕宦不作宰相，乃虚生也。'随计之秋，郡守坐中闻雁，旦赋诗曰：'明年春色里，领取一行归。'诗人皆壮其言。明年果魁天下。"

3　今藏陕西历史博物馆，本书照片为观展所摄。

4　程旭《金锡璆琳：蓝田吕氏家族墓出土文物》，页94～95，三秦出版社二〇一三年。

5　刘克庄诗题作《盗发蔡端明墓一首，和竹溪韵》（《全宋诗》，册六七，页42255），竹溪，即林希逸。

6　周密《癸辛杂识·别集》上"杨髡发陵"条，述杨髡等盗发宋陵之状曰，"高宗之陵，骨发尽化，略无寸骸，止有锡器数件，端砚一只"。按此则记述承王楠同道提示。

7　诗题作《余常用小端砚，失之经年，忽在常卖人手中，以钱赎归，纪实二首》，《全宋诗》，册三五，页36579。

8　《全宋诗》，册二四，页15859。

9　《福建博物院珍品》，图一四三，福建教育出版社二〇〇二年。

10　绍熙三年冬作于山阴。《剑南诗稿校注》（钱仲联校注），册四，页1860，上海古籍出版社一九八五年。

自封翰墨卿，一书当千户"[1]。如此相伴于笔砚间者，便是文房诸友了。

放翁诗云"兴阑却欲烧香睡"，亦为实录，日常生活中的香事在《剑南诗稿》中屡屡可见，且每与笔砚相伴。"香岫火深生细霭，研池风过起微澜"（《题斋壁》），"自烧熟火添香兽，旋把寒泉注砚蟾"（《八月三日骤凉有感》），香岫、研池，香兽、砚蟾之对，是诗情，也是实景。两宋士大夫墓葬与文房用具伴出的每每有茶、酒、香诸般用器，便正同于当日的生活情境。所谓"寓物已尽人情"，于世间于冥宅，皆是一般。苏轼"饮官法酒，烹团茶，烧衙香，用诸葛笔"的一番喜悦[2]，固然饱含人生感慨，但挥毫作书，原本是与饮酒、烹茶、焚香共同构成宋代士人日常生活中的赏心乐事。陆游"鹦鹉螺深翻细浪，辟邪炉暖起微烟"（《喜事》）；"茶硘细香供隐几，松风幽韵入哦诗"（《山居》）；"活眼砚凹宜墨色，长毫瓯小聚茶香"（《闲中》），放翁诗文可作宋代士人生活史之个案观，也可作宋代士人之普遍情形观。其实北方墓葬中的墓室壁画也常常布置此类画面，墓主人则多为辽宋金时代的富室乡绅。元罗先登作《文房图赞续》，所以添绘"玉川先生"（茶具）与"香山道人"（香具），实在也是相承于两宋风流。

其时文房诸器又是友朋间往来持赠以及雅集之际观赏吟咏的清物，并且常常是最具情味的润笔。欧阳修《归田录》卷二记道，蔡襄为《集古录目序》作书刻石，"其字尤精劲，为世所珍，余以鼠须栗尾、铜绿笔格、大小龙茶、惠山泉等物为润笔，君谟大笑，以为太清而不俗"。张方平《谢人赠玉界尺》[3]；孔平仲《梦锡惠墨答以蜀茶》[4]；梅尧臣《杜挺之赠端溪圆砚》[5]；黄庭坚《以团茶洮州绿石砚赠无咎文潜》《谢王仲至惠洮州砺石黄玉印材》[6]；陈师道《古墨行并序》[7]；晁说之《赠然公界方》[8]；陈与义《钱东之教授惠吕道人砚为赋长句》[9]，等等，都是两宋诗歌中信手可拈的例子。欧阳修《试笔·学书为乐》曰："苏子美尝言'明窗净几，笔砚纸墨皆极精良，亦自是人生一乐'。然能得此乐者甚稀，其不为外物移其好者，又特稀也。"苏子美，苏舜钦也。二人标举的"人生一乐"，也是宋代士人的普遍理想，墓葬出土的文房用器，便正是以"物"构筑的诗心为底蕴的精神世界。饮酒、烹茶、焚香、作书，器物讲述的故事与两宋诗文在在应和。如果说墓志撰写的多为主人公之仕途经历以及学殖、人品、事功，那么用于随葬的"文房诸友"，展露的则是尘嚣之外的情怀所寄。近年发现的陕西蓝田县五里头北宋吕氏家族墓地之外，原状保存较好且比较有代表性的两宋士大夫纪年墓葬，尚可举出：一、合肥五里冲村北宋马绍庭夫妇合葬墓；二、福州茶园山南宋许峻夫妇合葬墓；三、南京江浦黄悦岭南宋张同之夫妇合葬墓；四、浙江衢州南宋史绳祖夫妇合葬墓。几座墓葬的出土器物，前举文房诸友，大率而备，其中有异有同，因此具个性而兼共性，而若干器物的名称与用途以及所蕴含的文化信息，——特别是史绳祖墓，实有待于更为深入的具体分析和研究。

1　《全宋诗》，册一九，页 12967。

2　苏轼《书赠孙叔静》："今日于叔静家饮官法酒，烹团茶，烧衙香，用诸葛笔，皆北归喜事。"元符三年（1100）作于广州，时孙叔静提举广东常平。《苏轼全集校注》，册一九，页 8000。

3　《全宋诗》，册六，页 3881。

4　《全宋诗》，册一六，页 10830。

5　《梅尧臣集编年校注》，页 414。

6　《山谷诗集注》，页 150、页 151。

7　按诗前小序云："晁无斁有李墨半丸，云裕陵故物也。往于秦少游家见李墨，不为文理，质如金石，亦裕陵所赐，王平甫所藏者。潘谷见之再拜云：真廷珪所作也，世惟王四学士有之，与此为二矣。嗟乎，世不乏奇，乏识者耳。敬为长句，率无斁同作。"句有"念子何忍遽磨研，少待须臾图不朽"，师道弟子魏衍注云："少游之墨尝许先生为他日墓志润笔，先生尝语衍，作此时，少游尚无恙，然终先逝去。"《全宋诗》，册一九，页 12676。又周必大《玉堂杂记》卷下，曰"草后妃、太子、宰相麻"，"御前列金器如砚匣、压尺、笔格、糊板、水滴之属，几二百两，既书除目，随以赐之"。如此规格之润笔，唯属皇家。

8　《全宋诗》，册二一，页 13690。

9　《全宋诗》，册三一，页 19485。

两宋茶事

一 两宋之煎茶

煎茶与点茶，均是两宋时代的饮茶方式，前者是将细研作末的茶投入滚水中煎煮，后者则预将茶末调膏于盏中，然后用滚水冲点[1]。站在宋人的立场，自然要说煎茶是古风，由南唐入宋的徐铉在咏茶之作里已经申明"任道时新物，须依古法煎"[2]，今人考察两宋茶事，也认为点茶早是这一时代普遍的习俗。与陆羽《茶经》讲述煎茶法不同，宋人茶书，如蔡襄《茶录》、宋徽宗《大观茶论》，所述均为点茶法，曰两宋点茶盛行，诚然。然而与此同时，传统的煎茶之习却并未少衰，检点付诸吟咏的茶事，可知煎茶与点茶，烹茶方式不同，器用不同，使用的场合也不同，结合绘画作品、出土器物，这一点可以认识得更为清楚。而辨名、辨物之外，更要说明的是，煎茶以它所蕴涵的古意特为士人所重，这实在是两宋茶事中不应忽略的一个重要细节。

（一）煎茶用器：风炉与铫子

《萧翼赚兰亭图》，是绘画中的名品，旧题唐阎立本作，今多认为出自宋人之手。所见有辽宁省博物馆藏一幅、台北故宫博物院藏一幅。两图所绘煎茶情景，笔致细微，难得尤在细节的刻画。如辽宁省博物馆所藏之幅，图中绘一"具列"，长方形的四足小矮床，上陈圆形器皿一、带托的茶盏一，具列的编竹之迹宛然可见（图1）。藏台北故宫博物院之幅，具列上面摆放的则是茶碾一、荷叶盖罐一、托盏一副，器为竹编，也表现得很清楚（图2）。具列之称，见于陆羽《茶经》，卷中"四之器"："具列，或作床，或作架，或纯木、纯竹而制之，或

1　关于点茶法与煎茶法，详论见孙机《中国茶文化与日本茶道》，载《中国圣火》，辽宁教育出版社一九九六年。
2　《和门下殷侍郎新茶二十韵》，《全宋诗》，册一，页106。

图 1 煎茶《萧翼赚兰亭图》局部（摹本）辽宁省博物馆藏

图 2 煎茶《萧翼赚兰亭图》局部（摹本）台北故宫博物院藏

木法竹，黄黑可扃而漆者，长三尺，阔二尺，高六寸。具列者，悉敛诸器物，悉以陈列也"[1]。不过具列之称，在唐宋诗文中却很少见，常见的则是茶床。唐张籍《和陆司业习静寄所知》"山间登竹阁，僧到出茶床"[2]；宋王珪《宫词》"撮角茶床金钉校"[3]；宋徽宗《宣和宫词》"司珍新奏玉茶床"[4]；又宋陈骙《南宋馆阁续录》卷六《故实》"临幸赐宴"条，录其仪注有："次看盏人稍前，谢上殿，两拜，次进御茶床。""酒食毕，作乐讫，举御茶床。"唐诗所云茶床，即《茶经》所谓"具列"，而宋人著作中的茶床却并非陈列茶具所专用，凡看食、看菜、匙箸、盐碟醋樽，亦皆以茶床为陈列之具，见《梦粱录》卷三"皇帝初九日圣节"条。不过出自禁中者，制作更为讲究，故"玉"也，"金钉校"也。论其形制，则与《萧翼赚兰亭图》中的具列或无太大不同，即也是下有四足之案[5]。

两幅《萧翼赚兰亭图》皆绘有风炉和风炉上面的铫子。煎茶者面前一具矮案，案上一个风炉，炉旁置盂，内里一柄水勺。此为辽宁省博物馆藏品所绘。长案上面的盂，便是《茶经》中举出的"熟盂"，用作出水和入水。《茶经》卷下"五之煮":"第二沸出水一瓢""有顷,势若奔涛溅沫,以所出水止之,而育其华也。"白居易《谢李六郎中寄新蜀茶》"汤添勺水煎鱼眼,末下刀圭搅麹尘"[6],正是煎茶时的情景。

风炉与铫子,为煎茶所用之器。《茶经》卷中"四之器":"风炉以铜铁铸之,如古鼎形。""凡三足","其饰,以连葩垂蔓、曲水方文之类。其炉,或锻铁为之,或运泥为之。其灰承,作三足铁柈枱之"。煎茶的容器,《茶经》曰鍑,云"洪州以瓷""莱州以石",又或以铁,以银。但鍑在两宋却并不流行,诗词中习见的是"铫"与"铛",又或"鼎""石鼎""折脚鼎""折脚铛"。至于风炉,则有"汤炉""茶炉""茶灶"之称。北宋吴则礼《周介然所惠石铫取淮水瀹茶》句云"吾人老怀丘壑情,洗君石铫盰眙城。要煎淮水作蟹眼,饭饱睡魔聊一醒"[7]。又李光《饮茶歌》云"山东石铫海上来,活火新泉候鱼目。汤多莫使云脚散,激沸须令面如粥"[8]。当然最有名的一首是苏轼《次韵周穜惠石铫》:"铜腥铁涩不宜泉,爱此苍然深且宽。蟹眼翻波汤已作,龙头拒火柄犹寒。姜新盐少茶初熟,水渍云蒸藓未干。自古函牛多折足,要知无脚是轻安。"[9]唐释慧琳《一切经音义》卷五十九"须铫"条释铫云:"余招反,《广雅》:鋗谓之铫。《说文》:温器也。以(似)鬲,上有环,山东行此音。又徒吊反,今江南行此音。铫形似鎗而无脚,上加踞龙为鋬也。"两宋诗词所云"铫",音和义,均取后者,东坡诗

<hr>

1　本文所引《茶经》,均据百川学海本,个别字句参酌他本校改。

2　《全唐诗》,册一二,页4317。

3　《全宋诗》,册九,页5997。

4　《全宋诗》,册二六,页17047。

5　见本书《唐宋时代的床和桌》引张师正《倦游杂录》"茶床谜"条。

6　《全唐诗》,册一三,页4893。

7　《全宋诗》,册二一,页14298。

8　《全宋诗》,册二五,页16399。

9　王文诰辑注《苏轼诗集》(孔凡礼点校),册四,页1275,中华书局一九九二年。

图 3　银铫　浙江临安钱宽夫妇墓出土

图 4　《莲社图》局部　上海博物馆藏

便已形容得亲切。唐代铫子有浙江临安钱宽夫妇合葬墓出土冥器中的一件。器高 2 厘米，口径 4.7 厘米，短流之偏的口沿上横了一个端口已残的空心短宽柄，空心内原初似应再接插一段木柄 [1]（图 3）。慧琳《音义》所谓"鎗"，即铛。铛与铫，皆有长柄，柄上或饰龙头。而铫有短流，铛则否；铛有三足，铫则否。诗词或曰折脚铛，是铫也，"要

1　器出水邱氏（应为水丘氏）墓中，见浙江省文物考古研究所等《晚唐钱宽夫妇墓》，页79，彩版五四:2，文物出版社二〇一二年。按报告称它为"小匜"，此器实当名作铫子。
2　释德洪《秋夕示超然》，《全宋诗》，册二三，页 15231。
3　《全宋诗》，册四〇，页 24889。
4　张临生《重器重宝——历代器物重宝选介》，页 40，（台北）《故宫文物月刊》第三卷第七期（一九八五年）。
5　沈仲常《四川德阳出土的宋代银器简介》，页 9，图七，《文物》一九六一年第十一期。与它同出的尚有银盏托和银茶盏（页 8 图三银盏托上所坐银杯与盏托并非一副，盏托上的银盏应是同页图一左边的一件斗笠盏）。本文器物照片为参观深圳博物馆举办《天府遗珍》展所摄。
6　器藏陕西历史博物馆，此为参观所见并摄影。
7　《画中家具特展》，页 30，台北故宫博物院一九九六年。又故宫博物院藏旧题刘松年作《卢全烹茶图》也绘出制形相同的风炉和铫子。浙江大学中国古代书画研究中心《宋画全集》第一卷第六册，图一〇七，浙江大学出版社二〇〇八年。

图 5　定窑瓷铫（摹本）台北
故宫博物院藏

图 6　银铫　四川德阳孝泉镇
清真寺宋代窖藏

图 7　石铫　陕西蓝田北宋吕
氏家族墓地出土

知无脚是轻安""折脚铛中味最长"[2]，
皆其例。至于出现在煎茶情景中的
"鼎"，则是铛或铫的雅称，陆游《效
蜀人煎茶戏作长句》"正须山石龙头
鼎，一试风炉蟹眼汤"[3]，是也。上
海博物馆藏宋佚名《莲社图》所绘煎
茶场景，坐在莲花风炉上边的正是一
个龙头柄铫子（图4）。而宋代尚有一
种无柄的铫子，却是在铫子上作出三
股交合的提梁，即如台北故宫博物院
藏一件北宋定窑瓷铫[4]（图5），又四
川德阳县孝泉镇清真寺宋代窖藏银器
中的一件所谓"银匜形器"[5]（图6）。

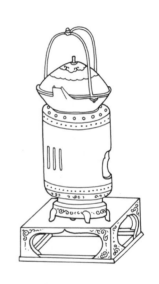

图 8　传刘松年《撵茶图》局部（摹本）

陕西蓝田北宋吕氏家族墓地出土石铫一件[6]（图7），外撇的口沿下方
有三个花瓣式细耳，短流之侧为一对，另一个在与短流相对处。比照
前举有提梁的铫子，可知石铫的三个系耳自是用来穿系提梁。石铫原
初也当是有盖子的。传刘松年《撵茶图》中所绘正是此类[7]（图8）。

　　与铫子类似的煎茶之器尚有急须。北宋黄裳《龙凤茶寄照觉禅师》
句云"有物吞食月轮尽，凤翥龙骧紫光隐"；"寄向仙庐引飞瀑，一簇蝇声急须腹",其句下自注曰:"急须,东南之茶器。"又其《谢人惠茶器并茶》句有"遽命长须烹且煎,一簸蝇声急须吐"[1],亦此。急须,即短流而一侧有横直柄的壶,此在唐代即已出现于南方,长沙窑产品中便很常见[2](图9),或有在横柄上作"龙上"二字者[3](图10)。作为煎茶用具,"急须"之器与名也传往日本[4](图11)。不过不论中土还是东瀛,它的流行范围都不算很广。

风炉也多见宋人吟咏。陆游"公闲计有客,煎茶置风炉"[5];释永颐《茶炉》诗:"炼泥合瓦本无功,火煖常留宿炭红。有客适从云外至,小瓶添水作松风。"[6]洪适《汤炉》:"蟹眼候松风,云腴挟霜月。炉下岂常炎,灰飞即烟灭。"[7]又梅尧臣《茶灶》:"山寺碧溪头,幽人绿岩畔。夜火竹声干,春瓯茗花乱。兹无雅趣兼,薪桂烦燃爨。"[8]所咏皆风炉。石铫与风炉本煎茶所必需,诗词因此常常二者并举。如黄庭坚《奉同六舅尚书咏茶碾煎烹》"风炉小鼎不须催,鱼眼长随蟹眼来"[9];陆游《冬晴与子坦子聿游湖上》"会挈风炉并石鼎,桃枝竹里试茶杯"[10];张伦《诉衷情·咏闲》"闲中一盏建溪茶。香嫩雨前芽。砖炉最宜石铫,装点野人家"[11]。

当然铫子并不仅仅用于煎茶,但若煎茶,它却是上选。二十世纪七十年代出自河北曲阳县涧磁村的定窑白釉风炉与铫子,是为人熟知的唐代之例[12](图12)。只是这一组煎茶之器尺寸很小,当非实用之具。两宋绘画中,用作煎茶的风炉与铫子常常是用于点缀风雅的配景。除两幅《萧翼赚兰亭图》之外,上海博物馆藏南宋《白莲社图》,美国纳尔逊-阿特金斯艺术博物馆藏马远《西园雅集图》、台北故宫博物院藏宋《人物图》(图13),又前举传刘松年《撵茶图》,画中与风炉配套的煎茶之器,都是铫子。山西洪洞广胜寺明应王殿北壁元代壁画中尚可看到它的沿用[13](图14)。

与风炉配套的尚有一种短流的煎茶瓶。黄庭坚《谢曹子方惠二物

图 9　蓝绿釉横柄壶（急须）长沙市博物馆藏

图 10　白釉横柄壶（急须）华菱石渚博物馆藏

图 11　日本之急须

1　《全宋诗》，册一六，页 11017、页 11019。

2　如《长沙窑》著录的一件蓝绿釉横柄壶（高 16.3 厘米），长沙窑编辑委员会《长沙窑》（作品卷·壹），图二〇，湖南美术出版社二〇〇四年。

3　《长沙窑》（作品卷·贰），图一九七。不过唐代急须其时未必俱用作煎茶，长沙窑窑址所出急须，其柄上亦有作"注子"二字者。

4　今通行之词典或释作煎茶器，或释作陶制小茶壶，前者应是它的古义。

5　《寄酬曾学士学宛陵先生体比得书云所寓广教僧舍有陆子泉每对之辄奉怀》，《全宋诗》，册三九，页 24253。

6　《全宋诗》，册五七，页 35992。

7　《全宋诗》，册三七，页 23428。

8　《全宋诗》，册五，页 2716。

9　《全宋诗》，册一七，页 11566。

10　《全宋诗》，册四〇，页 25052。

11　《全宋词》，册三，页 1420。

12　今藏河北省博物馆，本书照片为参观所摄。展品说明称此为茶炉与茶勺。

13　柴泽俊等《洪洞广胜寺》，图二五五，文物出版社二〇〇六年。

图 12　上：白釉铫子　河北曲阳县涧磁村出土
　　　　下：白釉风炉　河北曲阳县涧磁村出土

图 13　宋《人物图》局部（摹本）台北故宫
博物院藏

二首》，其一即为"煎茶瓶"，句云："短喙可候煎，枵腹不停尘。蟹眼时探穴，龙文已碎身。"[1]"蟹眼"句，乃煎茶之候汤；"龙文"，指茶饼，"龙文已碎身"，便是茶饼已细研作末，正可入于汤之老嫩合度的煎茶瓶中。起句特别点明"短喙"，可知它与用作点茶，即须注汤有力而作成长流的汤瓶不同。煎茶瓶在河北宣化下八里张匡正墓和张文藻墓的壁画中可见，它正好坐在一个下有莲花托座的风炉之上[2]。两墓时属辽大安九年。与此形成对比的，是宣化下八里张世古墓壁画中用作点茶的一个长流汤瓶[3]。此墓时属辽天庆七年，与前者约略同时，三墓与诗人生活的年代也正相当，可以互证（图15）。点茶的长流汤瓶也见于山西朔州市市政府工地辽墓壁画，栏杆桌子上放了摞着的盏托和倒扣的几摞茶盏，还有叠置的牙盘，桌前燎炉上坐着汤瓶[4]（图16）。

1　《全宋诗》，册一七，页 11576。
2　《宣化辽墓》，彩版五。
3　《宣化辽墓》，彩版七八。
4　徐光冀《中国出土壁画全集》卷二，图一二九，科学出版社二〇一二年。按：笔者对壁画所绘器具的认识，与该书图版说明所述不同。

图 14　广胜寺明应王殿北壁壁画局部

图 15　煎茶瓶与汤瓶 宣化辽墓壁画（摹本）左出张匡正墓，右出张世古墓

图 16　山西朔州市市政府工地辽墓壁画

图 17 《货郎图》局部（摹本）故宫藏

（二）点茶用器：燎炉、汤瓶、茶筅

风炉与铫子用于煎茶，至于点茶，却是用汤瓶，而不用铫子，马廷鸾"砖炉石铫竹方床，何必银瓶为泻汤"[1]，"石铫""银瓶"对举，前者指煎茶，后者谓点茶，是茶器不同，而烹茶之法迥异。故宫藏李嵩《货郎图》，货郎担子里正有一组茶具：一摞盏托，一摞茶盏，一把长流汤瓶，一柄点茶所必需的茶筅[2]（图17）。陕西历史博物馆藏一方北宋砖雕，画面浮雕方桌旁边分立的两名侍女，其一手持盏托，上边坐着茶盏，其一一手举着点茶用的汤瓶，一手持茶筅，正是点茶情景[3]（图18）。山西汾阳东龙观宋金墓壁画、日本京都大德寺藏南宋《五百罗汉图·吃茶》一幅中也都有同样的场景[4]（图19、图20）。

汤瓶煎水，一般也不取风炉，而多用"燎炉"。燎炉有圆形，也有方形，前者多见于辽，后者多见于宋，因此宋人又或称它"方炉"。

1 《谢龙山惠拄杖并求石铫四首》，《全宋诗》，册六六，页41269。
2 其时茶筅的需求量必是不小，以至于可以专卖茶筅为生计，如洪迈《夷坚三志·壬卷》卷四《湖北棱睁鬼》一则，曰福州一士，"士之父以货茶筅为生"。
3 陕西历史博物馆《寻觅散落的瑰宝——陕西历史博物馆征集文物精粹》，页96，三秦出版社二〇〇一年。
4 山西省考古研究所等《二〇〇八年山西汾阳东龙观宋金墓地发掘简报》，封二；《文物》二〇一〇年第二期；国家文物局《惠世天工：中国古代发明创造文物展》，页144，中国书店二〇一二年。

图18　砖雕点茶图　陕西历史博物馆藏

图20　《五百罗汉图·吃茶》日本京都大德寺藏

图19　山西汾阳东龙观宋金墓壁画

图 21 《春游晚归图》局部 故宫藏

图 22 江苏江阴青阳镇里泾坝宋墓出土石椁浮雕

图 23 《文会图》局部 台北故宫博物院藏

图 24 《春宴图卷》局部 故宫藏

宋王安中有《睿谟殿曲宴诗》[1]，详记宣和元年的一次宫中之宴[2]。诗前之长序胪举盛况，其中说到"户牖屏柱，茶床燎炉，皆五色琉璃，缀以夜光火齐，照耀璀璨"。茶床与茶床之用，已见前引诗文，这里以燎炉与之并举，可知同为烹茶之器。又南宋赵蕃《海监院惠二物戏答》"打粥泛邵州饼，候汤点上封茶。软语方炉活火，清游断岸飞花"[3]，亦此。
点茶之汤瓶与方炉的组合，也每见于宋代图像，如故宫藏《春游晚归图》
（图21），如江苏江阴青阳镇里泾坝宋墓石椁浮雕[4]（图22）。

与煎茶多用于二三知己的小聚与清谈不同，点茶多用于宴会，包
括家宴，也包括多人的雅集。两种情景，在宋代绘画中一一表现分明。
验之以宋徽宗《文会图》（图23），旧题唐人、实为宋代作品的《春宴
图卷》（图24），又辽宁省博物馆与故宫各有收藏的南宋《会昌九老图》
（图25），又山西陵川县附城镇玉泉村金墓壁画[5]（图26），俱可证大型
聚会所用皆为上置候汤点茶之汤瓶的"方炉"，亦即王安中诗序中说
到的"燎炉"[6]。若煎茶，则前面提到的《撵茶图》可以为例。画面
分作两部，一边绘高僧据案挥毫欲作书，两学士观坐在一旁，此为书
事。另一边绘假山花木，其旁置桌，桌上摆着玳瑁茶筒、茶盏、盏托
等。桌旁一具风炉，炉上坐着带提梁的铫子。炉旁的碾茶者用脖颈上

1　《全宋诗》，册二四，页15972。

2　王明清《挥麈后录》卷四："徽宗宣和七年十二月二十一日，就睿谟殿张灯预赏元宵，曲
宴近臣，命左丞王安中、中书侍郎冯熙载为诗以进。"而冯诗中明明咏道"宣和初载元冬
尾，瑞白才消尘不起"，则事当在宣和元年（冯诗见《全宋诗》，册二五，页16183）。刘
永翔《清波杂志校注》于此已考证甚详（页248，中华书局一九九四年）。

3　《全宋诗》，册四九，页30760。

4　翁雪花等《江苏江阴市青阳镇里泾坝宋墓》，页93，图四（说明文字称作"食盒"者，
即方炉），《考古》二〇〇八年第三期。器藏江阴博物馆，本书照片系参观所摄。

5　徐光冀《中国出土壁画全集》第二卷，图一四一，科学出版社二〇一二年。

6　著名的四方北宋妇女画像砖（中国国家博物馆藏），其中的"烹茶图"所表现的也是点
茶所用之器，即汤瓶和燎炉（《文物》一九七九年第三期，图版七:2）。至于宋程大昌《演
繁露》卷二"镣炉"条考证镣炉应即燎炉，亦即"今之生麻粄（原注：音身），盆也"，
却是一种直口宽沿、下有蹄足的火盆，即如前举河北宣化辽墓壁画中所见，戴表元《舒
子俊见过》"燎炉薪暖糟床响，随分欢留作好春"（《全宋诗》，册六九，页43707），应
即此类。

图25 《会昌九老图》局部 辽宁省博物馆藏　　图26 《奉茶进酒图》山西陵川县附城镇玉泉村金墓壁画

图27 《撵茶图》台北故宫博物院藏　　　　《撵茶图》局部

挂着的襻膊儿搂住衣袖，正在"危坐只手旋乾坤"[1]（图 27）。张元干《浣溪沙》"茉几明窗乐未央。熏炉茗碗是家常。客来长揖对胡床。/ 蟹眼汤深轻泛乳，龙涎灰暖细烘香。为君行草写秋阳"[2]。词与画适可对看。

（三）煎茶与点茶的意蕴之别

作为时尚的点茶，高潮在于"点"，当然要诸美并具——茶品、水品、茶器、技巧——点的"结果"才可以有风气所推重的精好，而目光所聚，是点的一刻。士人之茶重在意境，煎茶则以它所包含的古意而更有蕴藉。南宋洪咨夔有《作茶行》，颇道出此中意趣："磨研女娲补天不尽石，磅礴轮囷凝绀碧臼剞。扶桑挂日最上枝，婆珊勃窣生纹漪。吴罡小君赠我杵，阿香藁砧授我斧。斧开苍璧粲磊磊，杵碎玄玑纷楚楚。出臼入磨光吐吞，危坐只手旋乾坤。碧瑶宫殿几尘堕，蕊珠楼阁妆铅翻。慢流乳泉活火鼎，渐瑟微波开溟涬。花风迸入毛骨香，雪月浸澈须眉影。太一真人走上莲花航，维摩居士惊起狮子床。不交半谈共细啜，山河日月俱清凉。桑苧翁，玉川子，款门未暇相倒屣。予方抱《易》坐虚明，参到洗心玄妙旨。"[3] 作茶，即碾磨茶，陆游《秋晚杂兴十二首》之五"聊将横浦红丝硙，自作蒙山紫笋茶"，句下自注："乡老旧谓碾磨茶为作茶。"[4] 洪诗因起首说石，举出茶臼。"扶桑挂日"

1　故宫博物院藏宋人《百马图》中的铡草者脖颈上也挂着襻膊儿，沈从文《中国古代服饰研究》特将它指出（页 346，商务印书馆［香港］有限公司一九九二年）。《西湖老人繁胜录》"诸行市"条、《武林旧事》卷六"小经纪"条所列诸物，均有"襻膊儿"一项。又，李霖灿《刘松年的撵茶图与醉僧图》推论《撵茶图》中的高僧应是怀素，学士之一则为怀素舅父钱起（［台北］《故宫文物月刊》第二卷第十一期，一九八五年）。李文并认为此图命名不确，即图之重点为翰墨而非茶事。不过画作茶事与书事的平均用力，正反映出当日二者的密不可分，张元干词也是与它呼应的一例。

2　《全宋词》，册二，页 1086。

3　《全宋词》，册五五，页 34580。

4　《全宋词》，册四一，页 25524。按洪咨夔乃於潜人（今浙江临安市西於潜镇），则陆游之所谓"乡"，当不局限于山阴一地。

云云，指茶饼。斧分茶饼，然后用茶臼粗研，再入茶磨细碾，直要它细如仙宫之尘，丽姝之粉[1]。"慢流乳泉活火鼎，淅瑟微波开溟涬"，煎茶也，鼎指风炉。"不交半谈共细啜，山河日月俱清凉"，真正是茶事的至境，于是得与茶贤接通声气，——陆羽、卢仝在茶诗中几乎是不可或缺之典，煎茶自然更须用它来揭明要义，依傍这古典的记忆而持守茶事之清，而把茶事引向独立于流俗之外的意境，结末的所谓"虚明"因此可以指实景，也可以指心境。此或近于玄思，但宋人本来是把玄思融入日常，茶事也不外如此。

煎茶与点茶，是烹茶方法的古今之别，其中当然也还有着茶品之别，亦即常品与佳品之别。宋王观国《学林》卷八"茶诗"条云："茶之佳品，其色白，若碧绿色者，乃常品也。茶之佳品，芽蘗微细，不可多得，若取数多者，皆常品也。茶之佳品，皆点啜之；其煎啜之者，皆常品也。""齐己茶诗曰：'角开香满室，炉动绿凝铛。'丁谓茶诗曰：'末细烹还好，铛新味更全。'此皆煎茶啜之也。煎茶啜之者，非佳品矣。"此说虽然不很完全，但用来概括一般情景，大致不错。不过付诸吟咏的两宋茶事，煎茶与点茶之间，隐隐然又有着清与俗之别。陈与义《玉楼春·青镇僧舍作》"呼儿汲水添茶鼎，甘胜吴山山下井。一瓯清露一炉云，偏觉平生今日永"[2]；林景熙《答周以农》"一灯细语煮茶香，云影霏霏满石床"[3]；黄庚《对客》"诗写梅花月，茶煎谷雨春"[4]；陆游《雪后煎茶》："雪液清甘涨井泉，自携茶灶就烹煎。一毫无复关心事，不枉人间住百年。"[5]如此之例，两宋诗词中不胜枚举。煎茶之意古，所用之器古，因总以它不同于时尚的古雅而与诗情相依。与燎炉相比，风炉自然轻巧得多，当有携带之便，且与燎炉用炭不同，风炉通常用薪，则拾取不难，何况更饶山野之趣，诗所以曰"藤杖有时缘石磴，风炉随处置茶杯"[6]；而所谓"岩边启茶钥，溪畔涤茶器。小灶松火然，深铛雪花沸。瓯中尽余绿，物外有深意”[7]，更是煎茶独有的雅韵。陆游《跋程正伯所藏山谷帖》：“此卷不应携在长安逆旅中，亦非贵人席帽金络马传呼入省时所观。程子他日幅巾筇杖，渡青衣江，相羊唤鱼潭瑞草桥清泉翠樾之间，与山中人共小巢龙鹤菜饭，扫石置风炉，煮蒙顶紫茁，然后出此卷共读，乃称尔。”[8]既云“扫石置风炉”，自然是煎茶，展卷赏帖，也要如此经营才好。

在煎茶与点茶之别中特寓微意，则有苏轼的名作《试院煎茶》：“蟹眼已过鱼眼生，飕飕欲作松风鸣。蒙茸出磨细珠落，眩转绕瓯飞雪轻。银瓶泻汤夸第二，未识古人煎水意。君不见昔时李生好客手自煎，贵从活火发新泉。又不见今时潞公煎茶学西蜀，定州花瓷琢红玉。我今贫病常苦饥，分无玉碗捧蛾眉。且学公家作茗饮，砖炉石铫行相随。但愿一瓯常及睡足日高时。”诗云“未识古人煎水意”，苏辙《和子瞻煎茶》“相传煎茶只煎水，茶性仍存偏有味”[9]，是其意。邹浩《次韵仲孺见督烹小团》“方欲事烹煎，姜盐以为使”，自注：“蜀人煎茶之

1　无论点茶还是煎茶，皆要把茶碾得细。曾几《李相公饷建溪新茗奉寄》句云“碾处曾看眉上白”，其下自注：“茶家云碾茶须令碾者眉白乃已”（《全宋诗》，册二九，页18571）。前引黄裳《龙凤茶寄照觉禅师》句有“颐指长须运金碾，未白眉毛且须转”，即此。又黄庭坚与人书云：“耒阳茶碢穷日，可得二两许，未能足得瓶子，且寄两小囊，可碾罗毕，更熟碾数百，点得自浮花泛乳可喜也。”（《山谷简尺》卷下）至于苏轼的“井好能冰齿，茶甘不上眉”（《道者院池上作》，《全宋诗》，册一四，页9380），则是反其意而用之。

2　《全宋词》，册二，页1069。

3　《全宋诗》，册六九，页43477。

4　《全宋诗》，册六九，页43567。

5　《全宋诗》，册四一，页25652。

6　陆游《开东园路北至山脚因治路傍隙地杂植花草六首》，《全宋诗》，册四〇，页25099。

7　张伯玉《后庵试茶》，《全宋诗》，册七，页4727。

8　《渭南文集》卷三十一，集五，页2291。

9　《全宋诗》，册一五，页9872。

法如此"[1]。所谓西蜀煎茶法，便是茶汤中佐以姜盐，前引苏诗句有"姜新盐少茶初熟"，亦可证[2]，它在宋代原是作为古法而常常用于煎茶[3]。李生句，则用唐李约煎茶故事[4]。诗作于熙宁五年，东坡在杭州监试。是时甫用王安石议，改取士之法，东坡有《监试呈诸试官》诗述其事，且于其中微存讽意，《试院煎茶》则暗用当日茶事中的古今之别再度风之[5]，"且学公家作茗饮，砖炉石铫行相随"，实在是借煎茶而表现了一种姿态的。

茶事进入绘画，煎茶与点茶也各自形成图式，乃至成为表现文人风度的艺术语汇。辽宁省博物馆藏元人《子方扁舟傲睨图》，扁舟一叶，主人坐鹿皮荐，背倚懒架，肘下是书帙裹着的卷轴，身边设一张琴，栅足案上一函书，一炉香，一副托盏，花觚里一蓬花，舟子操楫，童子煎茶，煎茶所用依然是莲花托座风炉（图28）。"书生调度清且苦，臭味不同谁与论"[6]，宋元时代不同流俗的煎茶之韵中，原来是"傲睨"[7]。

饮茶当然不自陆羽始，但自陆羽和陆羽的《茶经》出，茶便有了标格，或曰品味。《茶经》强调的是茶之清与洁，与之相应的，是从采摘、制作直至饮，一应器具的清与洁。不过《茶经》最有意味的文字，却在卷下"九之略"：

> 其造具，若方春禁火之时，于野寺山园，丛手而掇，乃蒸乃舂，乃复以火干之，则又棨、扑、焙、贯、棚、穿、育等七事皆废。其煮器，若松间石上可坐，则具列废。用槁薪鼎枥之属，则风炉、灰承、炭挝、火䇲、交床等废。若瞰泉临涧，则水方、涤方、漉水囊废。若五人已下，茶可末（或作味）而精者，则罗废。若援藟跻岩，引絙入洞，于山口炙而末之，或纸包合贮，则碾、拂末等废。既瓢、碗、䇲、札、熟盂、鹾簋悉以一筥盛之，则都篮废。但城邑之中，王公之门，二十四器阙一，则茶废矣。

图 28 《子方扁舟傲睨图》局部（摹本）辽宁省博物馆藏

1　《全宋诗》，册二一，页 13936。

2　姜盐煎茶，黄庭坚有《煎茶赋》述其事甚详，此篇也很为宋人所喜，曾入选于吕祖谦编《宋文鉴》，见其编卷七。南宋林正大也有词括其意而咏之，见《全宋词》，册四，页 2458。又黄庭坚与人书云"蒸牙一合，虽是分宁茶，味不甚佳，但可用姜盐煎，以领关、张尔"（《山谷简尺》卷下）。是姜、盐、茶可作结义弟兄，但用于茶之"味不甚佳"者。不过按照东坡的说法，却又是姜可盐不可，——苏轼《书薛能茶诗》："唐人煎茶用姜，故薛能诗云'盐损添常戒，姜宜着更夸'。据此，则又有用盐者矣。近世有用此二物者，辄大笑之。然茶之中等者，用姜煎信佳也，盐则不可。"

3　如南宋虞俦《和林正甫碾茶》："肝胆由来自一家，人间何许是真茶。不妨更著姜盐伴，可但丘中咏有麻。"（《全宋诗》，册四六，页 28593）末句出《诗·王风·丘中有麻》，此应是借用其中"将其来食"句而表达情意。

4　赵璘《因话录》："（李）约天性惟嗜茶，能自煎，谓人曰：茶须缓火炙，活火煎。活火，谓炭火之 [有] 焰者也。客至，不限瓯数，竟日执持茶器不倦。曾奉使行至陕州硖石县东，爱渠水清流，旬日忘发。"

5　王文诰辑注《苏轼诗集》页 371，《试院煎茶》注引翁方纲云："是时甫用王安石议，改取士之法，罢诗赋、帖经、墨义，专以策，限定千言。故先生呈诸试官诗云'聊欲废书眠，秋涛春午枕'，正与此篇末句意同。'未识古人煎水意，且学公家作茗饮'，亦皆此意。"呈诸试官诗，即《监试呈诸试官》，同书，页 366。按两诗所咏为一事，但"聊欲废书眠，秋涛春午枕"，与此篇末句之意却不相同。前者意为且吃茶去，后者则以烹茶法的不同而拟喻寄意。

6　虞俦《赠孙尉姑苏紫石铫孙有诗次韵》，《全宋诗》，册四六，页 28470。

7　"扁舟傲睨"，或取意于南宋林景熙诗"客星谪下桐江湄，傲睨烟雨何年归"（《谒严子陵祠》，《全宋诗》，册六九，页 43477）。

既入高门，则茶之清，舍精细、济楚之待遇外，不能保存。而若依松傍岩，瞰泉临涧，二三知己品茗于朗月清风之间，则人与事，双清并，其器其具，其一应之微细，皆可不论。可以说，此方为茶之三昧，也不妨说，《茶经》凡不可略者，皆是为俗饮说法，唯此之可略，方是陆子心中饮茶之至境，此便最与诗人会心，其影响至宋而愈显。《茶录》与《大观茶论》固然是雅，然而以"九之略"为衡，则依然是俗。"欲知花乳清泠味，须是眠云跂石人"[1]，宋人深会此意。风炉石鼎，茶烟轻轻，其器古朴，其韵疏清；煎茶，保存的正是如此意境。当然这并不意味着时有雅饮之一派，凡茶必煎，又有俗饮之一派，凡茶必点。二者在日常生活中，本是既并行，又交叉。而饮茶方式的选择，既与茶品、时地、饮茶之人相关，在某种情况下，也与意境之追求相关。从另一面说，此又与诗人、画家以胸襟气度及创作背景之异而选择不同的话题相关。南宋张栻云："予谓建茶如台阁胜士，草茶之佳者如山泽高人，各有风致，未易疵也"。[2] 持此以喻点茶与煎茶之别，也正合宜。

结论如是，不妨仍以煎茶之意叩诸宋人，其或应声而答："不置一杯酒，唯煎两碗茶。须知高意别，同此对梅花"[3]。

二 分茶与斗茶

（一）分茶

对于分茶的解释，有几种不同意见。一九五八年版《宋诗选注》释陆游《临安春雨初霁》，以为"分"就是宋徽宗《大观茶论》所谓"鉴辨"。蒋礼鸿《"分茶"小记》对此发表了不同看法，认为分茶有二解：其一，为酒菜店或面食店；其一，指用沸水（汤）冲（注）茶，使茶乳幻变成图形或字迹[4]。许政扬《宋元小说戏曲语释》"分茶"条中也提出详细意见，结论是："分茶"就是烹茶、煎茶[5]。一九八二年版《宋诗选注》摒弃旧释，曰："'分茶'是宋代流行的一种'茶道'，诗文笔记里常常说起，如王明清《挥麈余话》卷一载蔡京《延福宫曲宴记》，杨万里《诚斋集》卷二《澹庵座上观显上人分茶》；宋徽宗《大观茶论》也有描写，黄遵宪《日本国志·物产志》自注说日本'点茶'即'同宋人之法''碾茶为末，注之以汤，以筅击拂'云云，可以参观。"此外，钱仲联《剑南诗稿校注》卷十二《疏山东堂昼眠》下释分茶曰："分茶，宋人泡茶之一种方法，即以开水注入茶碗之技术。杨诚斋《澹庵座上观显上人分茶》云云，可想象其情况。"[6]又，白敦仁《陈与义集校笺》在《和周绍祖分茶》诗下，引证亦详，末云："分茶一辞，宋人无释，各种茶谱亦不载"，"据各家所咏或记载，盖以茶匙（茶谱云：茶匙要重，击拂有力）取茶（汤）注盏中，为分茶也。简斋此诗云'小勺勿辞满'，当即以茶匙击拂之意"[7]。

诸家之释，以一九八二年版《宋诗选注》为近实。不过，若求翔实与确切，则仍嫌不足。此为其书体例所限，不烦苛求。

分茶之意究竟如何，须从唐宋饮茶法以及其间发生的变化说起。

唐宋时代的饮茶，乃茶末与茶汤同饮，饮后不留余滓。至于烹茶

1　刘禹锡《西山兰若试茶歌》，《全唐诗》，册一一，页4000。
2　《定叟弟频寄黄蘗仰山新芽尝口占小诗适灾患亡聊久不得遣寄今日方能写此》，句云"不入贡包供玉食，只应山泽擅高名"，其下自注"坡公贬草茶，未为确论"云云。《全宋诗》，册四五，页27934。
3　邹浩《同长卿梅下饮茶》，《全宋诗》，册二一，页14058。
4　《蒋礼鸿文集》，册四，页393～395，浙江教育出版社二○○一年。
5　《许政扬文存》，页30～33，中华书局一九八四年。
6　《剑南诗稿校注》，页964，上海古籍出版社一九八五年。
7　《陈与义集校笺》，页136，上海古籍出版社一九九○年。

法，元明以前，则可大别为二：其一煎茶，其一点茶。如前述说，煎茶盛行于唐，陆羽《茶经》载其法最详；两宋则盛行点茶，蔡襄《茶录》、宋徽宗《大观茶论》，乃点茶法经典[1]。煎茶与点茶，皆须煎汤亦即煎水。前者煎汤于茶铫，后者煎汤于汤瓶。汤至火候恰好之际，若煎茶，则将细碾且细罗之后的茶末投入滚汤。若点茶，此前便须炙盏，《茶录》所谓"凡欲点茶，先须熁盏令热，冷则茶不浮"。嗣后以小勺舀取茶末，在盏中调作膏状，于时以汤瓶冲点，边冲点边以竹制的茶筅或银制的茶匙在盏中回环搅动，即所谓"击拂"。点茶需要技巧，又以因击拂之法不同盏面泛起之乳花不同而有各种名目，自第一汤至第七汤而各有不同[2]。

点茶尤重盏面浮起之乳花。王明清《挥麈余话》卷一录蔡京《保和殿曲燕》云："赐茶全真殿，上亲御击注汤，出乳花盈面。"又引其《延福宫曲宴记》云："上命近侍取茶具，亲手注汤击拂，少顷，白乳浮盏面，如疏星淡月，顾诸臣曰：'此自布茶。'""上"，徽宗也，"疏星淡月"云云，即见于他的《大观茶论》[3]，王安中《临江仙·和梁才甫茶词》"延和行对台臣。宫瓯浮雪乳花匀"[4]，亦咏其事。只是烹茶重乳花，却不自点茶始，陆羽《茶经》讲述煎茶法时已叙述得详细。《茶经》卷下"五之煮"："第二沸出水一瓢，以竹筴环激汤心，则量末当中心而下。有顷，势若奔涛溅沫，以所出水止之，而育其华也。凡酌，置诸碗，令沫饽均。沫饽，汤之华也。华之薄者曰沫，厚者曰饽，细轻者曰花，如枣花漂漂然于环池之上，又如回潭曲渚青萍之始生，又如晴天爽朗有浮云鳞然。其沫者如绿钱浮于水湄，又如菊英堕于鐏俎之中。饽者，以滓煮之，及沸，则重华累沫皤皤然若积雪耳。《荈赋》所谓'焕如积雪，烨若春蕍'有之[5]。又同书"七之事"引《桐君录》云："茗有饽，饮之宜人。"

不过唐代之煎茶，乃茶在釜中煎好，然后分酌入盏，陆羽虽云"凡酌，置诸碗，令沫饽均"，然而分酌之际，总难免稍坏乳花。两宋之点茶，则无此虞。北宋张扩《均茶》所以云："密云惊散阿香雷，坐客分尝雪一杯。可是陈平长割肉，全胜管仲自分财。"[6] 乳花在两宋且颇多俗名与雅称，曰云，曰云脚[7]，曰花，曰乳花、玉花、琼花、雪瓯花，或仍依《茶经》称枣花[8]。而此际所重，又不仅在于乳花，更在乳花泛盏之久，此即谓之"咬盏"。《大观茶论》："乳雾汹涌，溢盏而起，周回凝而不动，谓之咬盏。"梅尧臣《次韵和再拜》句有"烹新斗硬要咬盏，不同饮酒争画蛇。从揉至碾用尽力，只取胜负相笑呀"[9]。所谓"次韵"，乃次欧阳修韵，原唱《尝新茶呈圣俞》句云"停匙侧盏试水路，拭目向空看乳花"[10]。又释德洪《空印以新茶见饷》"要看雪乳急停筅，旋碾玉尘深住汤"[11]；《无学点茶乞诗》"盏深扣之看浮乳，

1　以下引《茶经》《茶录》，均据百川学海本，个别字句据他本校改；《大观茶论》，据《说郛》宛委山堂本。

2　《大观茶论·点》。以"七"为数，应即由卢仝《走笔谢孟谏议惠新茶》而来。"七碗"在两宋茶诗中也常常用作茶的代称。

3　《大观茶论·点》云注汤时，"搅动茶膏，渐加击拂，手轻筅重，指绕腕旋，上下透彻，如酵蘖之起面，疏星皎月，灿然而生"。

4　《全宋词》，册二，页 751。

5　《艺文类聚》卷八十二，杜育《荈赋》："唯兹初成，沫沉华浮，焕如积雪，晔如春敷。"

6　《全宋诗》，册二四，页 16092。

7　向子諲《浣溪沙》"茗碗分云微醉后，纹楸斜倚鬒鬟偏"，《全宋词》，册二，页 975。梅尧臣《宋著作寄凤茶》"云脚俗所珍，鸟觜夸仍众"（《全宋诗》，册五，页 2788）；又《谢人惠茶》"以酪为奴名价重，将云比脚味甘回"（同前，册五，2980）；陈东《茶》（一作《索友人春茗》）："偏爱君家碧（一作白）玉盘，建溪云脚未尝干。书生自恨无金换，聊以诗章乞数团"（同前，册二九，页 18749）。

8　林逋《尝茶次寄越僧灵皎》"瓶悬金粉师应有，箸点琼花我自珍"（《全宋诗》，册二，页 1225）；葛胜仲《谢太守惠茶》"破看鲜馥欺瑶草，煮验漂浮漾枣花"（同前，册二四，页 15662）。

9　《全宋诗》，册五，页 3262。

10　《全宋诗》，册六，页 3646。

11　《全宋诗》，册二三，页 15244。

点茶三昧须饶汝"[1]；刘才邵《方景南出示馆中诸公唱和分茶诗次韵》"欲知奇品冠坤珍，须观乳面啮瓯唇。汤深不散方验真，侧瓶飞瀑垂岩绅"[2]，等等，皆其例。

咬盏与否，茶品之优劣是其要[3]，其次则在于击拂，郭祥正"急手轻调北苑茶，未收云雾乳成花"[4]，是也。击拂之器为茶筅或茶匙。毛滂《谢人分寄密云大小团》"旧闻作匙用黄金，击拂要须金有力"[5]；梅尧臣《次韵和永叔尝新茶杂言》"石瓶煎汤银梗打，粟粒铺面人惊嗟"[6]，银梗，茶匙也，粟粒铺面则是第三汤点茶，盏面所现之象[7]。《大观茶论》有专条说茶筅，两宋诗词也有专咏茶筅之作，而以元谢宗可《咏物诗》中的《茶筅》最为传神："此君一节莹无瑕，夜听松声漱玉华。万缕引风归蟹眼，半瓶飞雪起龙牙。香凝翠发云生脚，湿满苍髯浪卷花。到手纤毫皆尽力，多因不负玉川家。"[8]虽咏茶筅，而点茶之要在其中。"香凝翠发云生脚，湿满苍髯浪卷花"，实为击拂要领，所谓纤毫尽力，便是意在使盏面起乳花。《大观茶论》"筅疏劲如剑脊，则击拂虽过而浮沫不生"，二者所言角度不同，其意一也。

点茶如此，分茶如何？其实所谓"分茶"，除蒋礼鸿《"分茶"小记》所揭第一义外，两宋通常皆指点茶，或曰分茶即点茶之别称。王安中《进和御制芸馆二诗》"风好知从宫扇动，茶香宜入御瓯分"[9]；虞俦《和孙尉登空翠堂鼓琴酌茗有怀冷令二首》"巧分茗碗消磨睡，静拂琴徽断送愁"[10]；晁补之《和答曾敬之秘书见招能赋堂烹茶二首》"一碗分来百越春"[11]；华岳《赠楞伽老瑛上人》"拂床展卷呈诗稿，炙盏分茶当酒盃"[12]；又吴文英《望江南·茶》"玉纤分处露花香"[13]，王千秋《风流子》"卷茵停舞，侧火分茶。笑盈盈，溅汤温翠碗，折印启湘纱。玉笋缓摇，云头初起，竹龙停战，雨脚微斜"[14]，由诗词中的形容，可知其"分"与"分茶"，皆指点茶。不过偶然也有专指，这时所谓"分茶"，便是点茶法中特有的一种技巧，对此，诗也描写分明。仅举诸家称引较多的三例。

例一，陈简斋《和周绍祖分茶》："竹影满幽窗，欲出腰髀懒。何以同岁暮，共此晴云碗。摩挲蛰雷腹，自笑计常短。异时分忧虞，小勺勿辞满。"晴云，自指点茶时盏面浮起的乳花，简斋别有诗云"收杯未要忙，再试晴天云"[15]，亦此。末联之"分"，却是义取双关。如前所述，两宋之分茶，原从点茶而来，与煎茶不同，点茶乃预分茶末、调膏盏中，然后一一冲点，此即所谓"分"意之一。小勺，舀取茶末之器也[16]，台北故宫博物院藏传宋徽宗（实为后世仿本）《十八学士图》中有此情景（图29）。简斋诗则借以拟喻分忧。

例二，陆放翁《临安春雨初霁》："世味年来薄似纱，谁令骑马

1　《全宋诗》，册二三，页 15167。

2　《全宋诗》，册二九，页 18846。

3　苏轼《西江月·茶词》"汤发云腴酽白，盏浮花乳轻圆"（《全宋词》，页 284）；傅干注："云腴、花乳，茶之佳品如此"（《傅干注坡词》卷二，北京图书出版社二〇〇〇年）。

4　《城东延福禅院避暑五首》，《全宋诗》，册一三，页 8982。

5　《全宋诗》，册二一，页 14095。

6　《全宋诗》，册五，页 3262。

7　《大观茶论·点》。按此与茶品也有关。宋子安《东溪试茶录》"垦源"条云其地"土皆黑埴，茶生山阴，厥味甘香，厥色青白，及受水，则淳淳光泽（民间谓之冷粥面），视其面，涣散如粟"。

8　顾嗣立《元诗选·戊集》，中册，页 1501，中华书局一九八七年。

9　《全宋诗》，册二四，页 15978。

10　《全宋诗》，册四六，页 28496。

11　《全宋诗》，册一九，页 12871。

12　《全宋诗》，册五五，页 34408。

13　《全宋词》，册四，页 2897。

14　《全宋词》，册三，页 1466。

15　《陪诸公登南楼啜新茶家弟出建除体诗诸公既和余因次韵》，《全宋诗》，册三一，页 19486。

16　取水之器，也有小杓之称，苏轼《汲江煎茶》"大瓢贮月归春瓮，小勺分江入夜瓶"（《全宋诗》，册一四，页 9567）、赵希逢《和寄范茂卿》"拣芽雀舌乍辞枝，小勺分江欲试时"（《全宋诗》，册六二，页 38927），皆其例；然各从诗题，各有语境，不容混淆也。

图 29　《十八学士图》局部　台北故宫博物院藏　　　　　　　　《十八学士图》局部

客京华。小楼一夜听春雨，深巷明朝卖杏花。矮纸斜行闲作草，晴窗
细乳戏分茶。素衣莫起风尘叹，犹及清明可到家。"诗之"分茶"，点
茶也。放翁《疏山东堂昼眠》"吾儿解原梦，为我转云团"，句下自注
云："是日约子分茶。"约，名子约，放翁第五子。"转云团"，点茶之
击拂也。而细乳分茶，放翁诗中原不止一见，如"觉来隐几日初午，
碾就壑源分细乳"[1]，如"墨试小螺看斗砚，茶分细乳玩毫杯"[2]。毫杯，
兔毫盏也，以其色深而衬得乳花分明，特为宋人所爱[3]（图30、图31）。
项安世"自瀹霜毫爱乳花"[4]，适可与陆诗对观。可知此诗之"玩"
与彼诗之"戏"，意同。不过北宋韩驹有诗题作《六月二十一日子文
待制见访热甚追记馆中纳凉故事漫成一首》，诗云："汉阁西头千步廊，
与君长夏对胡床。阴阴桧色连宫草，寂寂棋声度苑墙。细乳分茶纹簟
冷，明珠擘荔小荷香。身今老病投炎瘴，最忆冰盘贮蔗浆"[5]。陆诗
或即由韩作脱胎。

图30　兔毫盏 陕西蓝田北宋吕氏家族墓地五号墓出土

图31　兔毫盏 福建建阳市水吉芦花坪窑址出土

　　例三，诚斋《澹庵座上观显上人分茶》："分茶何似煎茶好，煎茶不似分茶巧。蒸水老禅弄泉手，隆兴元春新玉爪。二者相遭兔瓯面，怪怪奇奇真善幻。纷如擘絮行太空，影落寒江能万变。银瓶首下仍尻高，注汤作字势嫖姚。不须更师屋漏法，只问此瓶当响答。紫微仙人乌角巾，唤我起看清风生。京尘满袖思一洗，病眼生花得再明。汉鼎难调要公理，策勋茗碗非公事。不如回施与寒儒，归续茶经传纳子。"[6]

1　《全宋诗》，册三九，页24520。

2　《全宋诗》，册四〇，页25081。

3　如陕西蓝田北宋吕氏家族墓地五号墓出土建窑兔毫盏（此为参观《异世同调——陕西蓝田北宋吕氏家族墓地出土文物》展所摄），如福建建阳市水吉芦花坪窑址出土兔毫盏（《福建博物院文物珍品》，图五五，福建教育出版社二〇〇二年）。

4　《全宋诗》，《以琴高鱼茶芽送范蜀州》，册四四，页27415。霜毫，同兔毫。

5　《全宋诗》，册二五，页16630。

6　《全宋诗》，册四二，页26085。

　　杨诗之前，记述如此之艺者，有托名陶谷的《清异录》[1]，其《茗荈》之部"生成盏"条："馔茶而幻出物象于汤面者，茶匠通神之艺也。沙门福全生于金乡，长于茶海，能注汤幻茶成一句诗，并点四瓯共一绝句，泛乎汤表。"又同部"茶百戏"："茶至唐始盛。近世有下汤运匕，别施妙诀，使汤纹水脉成物象者，禽兽虫鱼花草之属纤巧如画；但须臾即就散灭。此茶之变也，时人谓之'茶百戏'。"杨诗所谓"屋漏法"，亦见于《清异录》，即"漏影春"条所记。此乃点茶法运用至妙之戏。不过戏成而"须臾即就散灭"，陈棣诗所以曰"急景岂容留石火，余香何处认空花"[2]。或曰"茶叶溶质在水中扩散成花草图案，是由于饮茶者在茶溶解过程中以羹匙类食器搅动所致"[3]，不过这里的"饮茶者"当易作"点茶者"，"食器"当易作"茶器"。至于烹茶之际盏面乳花蒙茸，茶的加工方法是重要因素之一。放翁《入蜀记》，记其经镇江，"赴蔡守饭于丹阳楼"，"蔡自点茶颇工，而茶殊下。同坐熊教授，建宁人，云：'建茶旧杂以米粉，复更以薯蓣，两年来，又更以楮芽，与茶味颇相入，且多乳，惟过梅则无复气味矣。非精识者，未易察也'"[4]。此言之最切。《大观茶论》说点茶，曰"量茶受汤，调如融胶"，茶而能够"调如融胶"，即因经过加工的茶饼，其中掺入米粉、薯蓣、楮芽之类。

　　点茶之别称，尚有泼茶与试茶。孔平仲《会食》"泼茶旋煎汤，就火自烘盏"[5]；王庭珪《次韵刘英臣早春见过二绝句》"客来清坐不饮酒，旋破龙团泼乳花"[6]，又廖刚《次韵卢骏给事试茶》"蟹眼翻云连色起，兔毫扶雪带香浮"[7]；卢襄《玉虹亭试茶》"试遣茶瓯作花乳，从教两腋起清风"[8]；陆游《试茶》"苍爪初惊鹰脱鞲，得汤已见玉花浮"[9]，皆其例。而所谓"烹茶"，则是总称，煎茶抑或点茶，皆可谓之烹茶。

（二）斗茶 [10]

两宋茶事，今人通常推斗茶为第一，且以为此是宋代风气。其实不然。

若考斗茶之源，可溯至唐代。白居易《夜闻贾常州崔湖州茶山境会想羡欢宴因寄此诗》："遥闻境会茶山夜，珠翠歌钟俱绕身。盘下中分两州界，灯前合作一家春。青娥递舞应争妙，紫笋齐尝各斗新。自叹花时北窗下，蒲黄酒对病眠人。" [11] 茶山即湖州顾渚山，其地出茶名紫笋，常州义兴所产为阳羡，唐代均列作贡品，而两地邻壤相接，每造茶时，两州刺史亲至其处，因有如此之隆重。"紫笋齐尝各斗新"，便是品第高下的试茶情景，可知斗茶风气正始于贡新，当然它与宋代的斗茶并不相同。

两宋斗茶，述之最详且最早者，为范仲淹《和章岷从事斗茶歌》。章岷，建州浦城人，《全宋诗》收其作六首，然《斗茶歌》原唱不见 [12]，

1　《清异录》非出陶谷之手，陈振孙《直斋书录解题》、王国维《庚辛之间读书记》皆论之，余嘉锡《四库提要辨证》撮录各家之说，而以王说为是，见卷十九《子部》九。

2　《次韵王有之主簿》，《全宋诗》，册三五，页 22032。

3　戴念祖《中国科学技术史·物理学卷》，页 439，科学出版社二〇〇一年。

4　《陆游集》，册五，页 2412，中华书局一九七六年。又祝穆《方舆胜览》卷六十八述巴州风物，土产一项记"米膏饼"曰："《广雅》云：荆巴间采茶作饼，既成，以米膏出之。欲煮饼，先炙令色变，捣末瓷器中，以汤浇覆之，用葱姜芼之。"

5　《全宋诗》，册一六，页 10845。

6　《全宋诗》，册二五，页 16843。

7　《全宋诗》，册二三，页 15409。

8　《全宋诗》，册二四，页 16220。

9　《全宋诗》，册三九，页 24385。

10　刘昭瑞《宋代的"斗茶"艺术》，对斗茶的方式以及所用之器有比较详细的梳理，不过其中的若干意见似有可商；至于以卢骏元诗"清风两腋为渠生"为"人们操茶筅击拂茶汤时，肘臂张合，似有清风自腋下生"（页 320，《文史》第三十二辑，中华书局一九九〇年），则误之甚矣。

11　《全唐诗》，册一三，页 5027。

12　明董斯张《吴兴备志》卷五："岷，浦城人，举进士，与范仲淹同赋《斗茶歌》，岷诗先就，仲淹览之曰：此诗真可压倒元、白。"

不过北苑的斗茶情景，从和诗中仍能觑得真切。诗曰："年年春自东南来，建溪先暖冰微开。溪边奇茗冠天下，武夷仙人从古栽。新雷昨夜发何处，家家嬉笑穿云去。露牙（一作芽）错落一番荣，缀玉含珠散嘉树。终朝采掇未盈襜，唯求精粹不敢贪。研膏焙乳有雅制，方中圭兮圆中蟾。北苑将期献天子，林下雄豪先斗美。鼎磨云外首山铜，瓶携江上中泠水。黄金碾畔绿尘飞，紫玉瓯心雪涛起。斗余味兮轻醍醐，斗余香兮蒲兰芷。其间品第胡能欺，十目视而十手指。胜若登仙不可攀，输同降将无穷耻。吁嗟天产石上英，论功不愧阶前蓂。众人之浊我可清，千日之醉我可醒。屈原试与招魂魄，刘伶却得闻雷霆。卢仝敢不歌，陆羽须作经。森然万象中，焉知无茶星。商山丈人休茹芝，首阳先生休采薇。长安酒价减千万，成都药市无光辉。不如仙山一啜好，泠然便欲乘风飞。君莫羡花间女郎只斗草，赢得珠玑满斗归。"[1]

诗不唯记斗茶，凡采茶、焙茶、制茶，一应之茶故事，亦无不"巧欲形容"[2]。"北苑将期献天子，林下雄豪先斗美"，述斗茶缘起很是明白。与范仲淹大抵同时的蔡襄作《茶录》，所述正与之相合。其《后序》云："臣皇祐中修起居注，奏事仁宗皇帝，屡承天问以建安贡茶并所以试茶之状。臣谓论茶虽禁中语，无事于密，造《茶录》二篇上进。"君谟名笔"思咏帖"亦即致冯当世书，也曾议及闽中茶事："唐侯言，王白今岁为游闰所胜，大可怪也。"唐侯即唐询，时为福建路转运使；王、游二氏皆建溪壑源产白叶茶之园户。此亦贡新之前以斗试而品第高下之证。不过北苑之斗试，以蔡襄作《茶录》而传入宫廷，至徽宗朝，更于稀和贵中取其精和巧，因成一种极为精致的宫廷茶戏。

斗茶无他法，点茶而已。蔡襄《茶录·点茶》："茶少汤多，则云脚散；汤少茶多，则粥面聚（建人谓之云脚、粥面）。钞茶一钱匕，先注汤，调令极匀，又添注之，环回击拂。汤上盏，可四分则止，视其面色鲜白、著盏无水痕为绝佳。建安斗试以水痕先者为负，耐久者为胜，故较胜负之说，曰相去一水、两水。"是有云脚、无水痕，为斗茶之要，林希逸咏庐山新茗"云脚似浮庐瀑雪，水痕堪斗建溪春"[3]，可为"云脚""水痕"之释。所谓"粥面"，如前所述，建人制茶饼，每在其中添加富含淀粉之物，点作茶汤，便略如粥之内凝，时人因常常把茶称作"茗粥"。如"橘柚耀金苞，枪旗资茗粥"[4]，"更恨老年难得睡，因君茗粥恨无涯"[5]，"不辞浓似粥，少待细于尘"[6]，等等。梅尧臣《陈蹇叔郎中出闽漕别送新茶李圣俞郎中出手分似》"细泻谷帘珠颗露，打成寒食杏花饧"[7]，则更为形象，苏轼诗"闽俗竞传夸，丰腴面如粥"[8]，亦可与之同观。至于"一水、两水"，语出民间，源自建人的制茶工序[9]，斗试之时，遂借来评定胜负之差。此语很是新奇，

1　《全宋诗》，册三，页 1868。

2　《苕溪渔隐丛话后集》卷十一批评此诗"排比故实，巧欲形容，宛成有韵之文"。诗以赋笔载录一时之事，形容尽致，实别有令人可喜处。

3　《用珍字韵谢吴帅分惠乃弟山泉所寄庐山新茗一首》，《全宋诗》，册五九，页 37250。希逸闽人，故以庐山茶比之建溪茗。

4　郑亶《太仓隆福寺创观音院以诗百韵寄妙观大师且呈乡中诸亲旧》，《全宋诗》，册一五，页 9768。

5　晁说之《高二承宣以长句饷新茶辄次韵为谢》，《全宋诗》，册二一，页 13815。

6　曾几《尝建茗二首》，《全宋诗》，册二九，页 18541。

7　《全宋诗》，册四二，页 26323。按此诗又见册三八陈仲谔名下，题作《送新茶李圣俞郎中》（页 24214），仲谔，即杨诗题中之陈蹇叔，此诗当属杨。

8　苏轼《寄周安孺茶》，《全宋诗》，册一四，页 9328。

9　宋赵汝砺《北苑别录》"研茶"条："研茶之具，以柯为杵，以瓦为盆。分团酌水，亦皆有数，上而胜雪、白茶，以十六水，下而拣芽之水六，小龙凤四，大龙凤二，其余皆以十二焉。自十二水以上，日研一团，自六水而下，日研三团至七团。"其后"纲次"条详列纲目，且一一标明水次、火次，如"细色第三纲""白茶：水芽，十六水，七宿火"，"御苑玉芽：小芽，十二水，八宿火"，等等。旧按引《建安志》云："水取其多，则研夫力胜而色白"（丛书集成初编本）。可知水次乃表明加工的程度，即水次多而工愈细，故特标明，以别品级。

宋人咏茶诗词便总喜欢用来作茶故事。如王珪《和公仪饮茶》"云叠乱花争一水，凤团双影贡先春"[1]；曾巩《寄磻翁寄新茶二首》"贡时天上双龙去，斗处人间一水争"[2]；李处权《谢养源惠茶兼陪士特清啜》"灵芽动是连城价，妙手才争一水功"[3]；又苏轼《行香子·茶词》"斗赢一水，功敌千钟"[4]。

徽宗时宫廷斗茶，实即比试点茶技巧，茶品佳好，水品亦然，自是前提。斗茶所较，仍是盏面乳花[5]，"咬盏"与否，便是斗茶的胜负规则。徽宗《宣和宫词》："上春精择建溪芽，携向芸窗力斗茶。点处未容分品格，捧瓯相近比琼花。"[6]道士张继先《恒甫以新茶战胜因咏歌之》："人言青白胜黄白，子有新芽赛旧芽。龙舌急收金鼎火，羽衣争认雪瓯花。蓬瀛高驾应须发，分武微芳不足夸。更重主公能事者，蔡君须入陆生家。"[7]可见斗茶之一般。"捧瓯相近比琼花""羽衣争认雪瓯花"，以乳花较胜负也。斗茶且专有其品，北宋宋子安《东溪试茶录》"茶名"条："一曰白叶茶，民间大重，出于近岁，园焙时有之""芽叶如纸，民间以为茶瑞，取其第一者为斗茶，而气味殊薄，非食茶之比。"又建安黄儒《品茶要录》："茶之精绝者曰斗，曰亚斗"；"茶芽，斗品虽最上，园户或止一株，盖天材间有特异，非能皆然也"；"其造，一火曰斗，二火曰亚斗，不过十数铸而已"。所产既少，品又极珍，自然名重价高。梅尧臣《王仲仪寄斗茶》"白乳叶家春，铢两值钱万"[8]，并非夸饰之辞。叶家，建溪壑源茶户，斗茶出其园中也，曾巩《方推官寄新茶》"壑源诸叶品尤新"[9]，亦此。

斗茶既如此名贵，其时便又常以之作为极品茶的别称，斗茶已经衰歇的时候，尤其如此。陆游《晨雨》"青荑云腴开斗茗，翠罂玉液取寒泉"[10]；范成大《题张氏新亭》"烦将炼火炊香饭，更引长泉煮斗茶"[11]，是其例。

斗茶的风习，始于宋初，徽宗朝为盛，南渡以后，即已衰歇，此与建窑烧制御用兔毫盏的时间，也大致相当[12]，因此它范围其实很小，时间也不很长，且士人鲜以此相尚。明人王世贞云"斗茶中贵好"[13]，正是见得明白。斗茶盛日，诗人于此本多有微词。苏轼《荔枝叹》是其著例[14]。又吴则礼《同李汉臣赋陈道人茶匕诗》"即今世上称绝伦，只数钱塘陈道人。宣和日试龙焙香，独以胜韵媚君王"[15]；晁冲之《陆元钧（宰）寄日注茶》"君家季疵真祸首，毁论徒劳世仍重。争新斗

1　《全宋诗》，册九，页5982。"云叠乱花争一水"，句下自注："闽中斗茶争一水。"

2　《全宋诗》，册八，页5600。

3　《全宋诗》，册三二，页20422。

4　《全宋词》，册一，页302。

5　至于盏面乳花的生成及持续时间之久暂，诸多相关因素，本有其科学道理在。福建农业大学以蒸青不发酵茶为标本，分别就乳花形成及稳定、点茶之器出水口径大小与乳花量的关系、茶叶不同粉碎度对乳花盈盏的影响等项研究与试验，大致归纳为以下几点：一、茶皂素的起泡作用；二、蛋白质的稳泡作用；三、能阻止液膜中茶汤流动的水溶性果胶；四、能增强液膜机械强度的高分子网状结构物质；五、能稳定乳花的憎水性固体粉末（按此条不确。点茶或斗茶，事先虽须将茶饼细研为末，但入盏之后则当加水调作膏状，因此入水点击之后，不可能再有"憎水性固体粉末"，且"聚集在汤花表面"）。此外的有关因素，尚有茶汤的浓度，水的硬度与水温以及点击的冲击力。池宗宪《浮花泛绿乱于盏——宋代斗茶汤色释疑（下）》，页22～23，《历史文物》（台北）二〇〇二年第四期。

6　《全宋诗》，册二六，页17048。

7　《全宋诗》，册二〇，页13519。诗之"羽衣"，指道士。

8　《全宋诗》，册五，页2905。

9　《全宋诗》，册八，页5599。

10　《全宋诗》，册三九，页24349。

11　《全宋诗》，册四一，页25777。又南宋袁说友《斗茶》："截玉夸私斗，烹泉测嫩汤。稍堪肤寸舌，一洗苋藜肠。千枕消魔障，春芽敌剑铓。年年较新品，身老玉瓯尝。"（册四八，页29914）所咏亦为茶，"私斗"，应指建安外焙所产之斗品。说友，建安人。

12　顾文璧《建窑"供御""进琖"的年代问题》，《南京博物院集刊》第六集（一九八三年）。

13　《弇州四部稿》卷二十九《再从诸公饮陈常侍别墅》。

14　其诗句有"君不见武夷溪边粟粒芽，前丁后蔡相笼加。（自注：大小龙茶始于丁晋公，而成于蔡君谟欧阳永叔闻君谟进小龙团，惊叹曰：君谟士人也，何至作此事！）争新买宠各出意，今年斗品充官茶。吾君所乏岂此物，致养口体何陋耶"。《全宋诗》，册一四，页9516。按永叔之叹中的"士人"二字，尤当重读。

15　《全宋诗》，册二一，页14295。

图 32　鹧鸪盏 陕西蓝田北宋
吕氏家族墓地吕省山墓出土

图 33　油滴盏 陕西蓝田北宋
吕氏家族墓地吕义山墓出土

图 34　龙泉窑青瓷盏 四川遂宁金鱼村南宋窖藏

试夸击拂，风俗移人可深痛"[1]，等等，虽非专为斗茶而发，却亦有激于当时。晁诗拉来陆羽，只是要借《毁茶论》的题目，"风俗移人可深痛"，则痛切之词也。

　　此外，茶具的使用和爱赏，也可以提供重要的佐证。两宋茶盏，"兔毫""鹧鸪""油滴"[2]（图 32、图 33），自是精者，且为斗茶所必需，但与之并行的青瓷、白瓷、青白瓷盏，其精好并不在黑釉盏之下，付诸吟咏者，数量也多。刘挚《煎茶》"双龙碾圆饼，一枪磨新芽。石鼎沸蟹眼，玉瓯浮乳花"[3]；谢逸《武陵春·茶》"捧碗纤纤春笋瘦，乳雾泛冰瓷"[4]；王庭珪《好事近·茶》"黄金碾入碧花瓯，瓯翻素涛色"[5]，俱为北宋诗人眼中的青瓷盏。《茶经》卷中"四之器"称越瓷类玉、类冰；徐夤《贡余秘色茶盏》句有"巧剜明月染春水，轻旋薄冰盛绿云"[6]，青瓷盏在宋人笔下因总有冰玉之美称。玉瓯乳花，乳雾冰瓷，花瓯素涛，便都是可以唤起诗情的茶事之清韵。今天能够见到的实物，也果然如同诗人之赞[7]（图34）。活跃于茶事中的更有定窑花瓷盏。北宋诗僧释德洪《郭祐之太尉试新龙团索诗》："政和官焙雨前贡，苍璧密云盘小凤"，"我有僧中富贵缘，此会风流真法供。定花瓷盌何足道，分尝但欠纤纤捧"[8]。这里说的"定花瓷盌"，则是定窑白瓷盏，他的另一首诗《孜迁善石菖蒲》，句有"戏将红玉旋螺石，共置雪色花瓷盌"[9]，是所谓"花"，乃指暗花。花瓷如雪，是宋金时期人们对定窑产品习用的评价。金刘祁《归潜志》卷八记其父某日与诸公会饮，"坐中有定磁酒瓯，因为联句，先子首唱曰：'定州花瓷瓯，颜色天下白'，诸公称之"。也是一例。河北定州静志寺塔基出土定窑"官"字款盏托[10]（图35）。江苏江阴夏港约当北宋末年的一座墓葬出土银釦定窑白瓷斗笠盏一件，盏内壁满饰双凤穿花，盏心桃花一朵[11]（图36）。同出尚有三件漆盏托和一对高6.5厘米、口径6.7厘米的漆盖罐。此罐，应即用作盛放茶饼。苏轼《寄周安孺茶》"糜筒净无染，箸笼匀且

1　《全宋诗》，册二一，页13868。

2　如陕西蓝田北宋吕氏家族墓地吕省山墓出土鹧鸪盏、吕义山墓出土油滴盏（本书照片系参观所摄）。

3　《全宋诗》，册一二，页7922。

4　《全宋词》，册二，页648。

5　《全宋词》，册二，页823。

6　《全五代诗》，页1656。

7　如四川遂宁金鱼村南宋窖藏出土龙泉窑青瓷盏（本书照片系参观所摄）。

8　《全宋诗》，册二三，页15102。

9　《全宋诗》，册二三，页15088。

10　今藏河北定州市博物馆，本书照片系参观所摄。

11　高振卫等《江苏江阴夏港宋墓清理简报》，页62，《文物》二〇〇一年第六期。《简报》推测墓主人很可能属于江阴望族葛氏家族。

图 35　定窑"官"字款盏�托
河北定州静志寺塔基出土

图 36　银釦定窑白瓷斗笠盏
江苏江阴夏港北宋墓出土

复"[1]，可证。前引日本京都大德寺藏《五百罗汉图·吃茶》之幅，桌角上放着一个打开盖子的黑漆盖罐，即是此物。出自夏港宋墓的这一组茶具并无黑盏，或许是偶然，但至少可以说明，无论黑茶盏还是白茶盏，北宋时期均为人所钟爱，因特用作随葬。

　　景德镇青白瓷亦即后世称作影青的茶盏，也为宋人喜爱。北宋彭汝砺《答赵温甫见谢茶瓯韵》："我昔曾涉昌江滨，故人指我观陶钧。庞眉老匠矜捷手，为我百转雕舆轮。镌刬刻画走风雨，须臾万态增鲜新。盘龙飞凤满日月，细花密叶生瑶珉。轻浮儿女爱奇崛，舟浮辇运倾金银。我盂不野亦不文，浑然美璞含天真。光沉未入世人爱，德洁诚为天下珍。竭来东江欲学古，喜听英杰参吾伦。谨持清白与子共，敢因泥土邀仁恩。空言见复非所欲，再拜谢子之殷勤。"[2]

　　昌江，乃流贯浮梁之水，诗人"观陶钧"处，便是景德镇。彭氏则饶州鄱阳人，家乡风物，自然描写真切，以青白谐清白，取意也雅。上海博物馆藏一件北宋影青莲花纹盏，敞口，小圈足，胎薄质润，釉色青中透白，碗心以流畅的刻花装饰莲叶与盛开的莲花[3]（图37）。诗人所谓"镌刬刻画走风雨，须臾万态增鲜新""细花密叶生瑶珉""浑然美璞含天真"恰似为实物写真。

　　景德镇青白釉茶盏，北宋已很流行，彭诗"舟浮辇运倾金银"，

图 37　影青莲花纹盏　上海博物馆藏

图 38　景德镇青白釉托盏一副
镇江市南郊水泥制杆厂北宋墓出土

当为实录。李廌《杨元忠和叶秘校腊茶诗相率偕赋》"须藉水帘泉胜乳，
也容双井白过磁"，其下自注："江南双井用鄱阳白薄盏点鲜为上。"[4]
双井，茶也，出洪州双井，亦两宋名品。取白薄盏，点双井茶，两粹
相映，可谓双美，而这里所说，正是北宋情景。景德镇湖田窑遗址出
土过印有"茶"字的青白釉碗[5]，镇江市南郊水泥制杆厂北宋墓出土
景德镇青白釉托盏一副，盏镶银扣[6]（图 38）。合肥北宋马绍庭夫妻合
葬墓出土一件青白釉斗笠盏，盏壁薄如纸，积釉处青翠如玉，盏心釉
下刻缠枝团花，圈足底部则墨书一"甘"字[7]。同墓所出又有兔毫盏、

1　《苏轼诗集》，册四，页 1164。

2　《全宋诗》，册一六，页 10451。

3　国家文物局《中国文物精华大词典·陶瓷卷·瓷器篇》，图三九六，上海辞书出版社等
　　一九九六年。

4　《全宋诗》，册二〇，页 13628。

5　刘新园等《景德镇湖田窑考察纪要》，页 43，《文物》一九八〇年第十一期。

6　王建荣等《古韵茶香：镇江博物馆馆藏历代茶具精品展》，页 65，浙江摄影出版社二〇
　　一二年。

7　合肥市文物管理处《合肥北宋马绍庭夫妻合葬墓》，页 29，图五：5，《文物》一九九一
　　年第三期。宋人言茶，每以"甘滑"为形容，如蔡襄《即惠山煮茶》"鲜香箸下云，甘
　　滑杯中露"（《全宋诗》，册七，页 4767）；郭祥正《招孜祐二长老尝茶》"石泉助甘滑"（《全
　　宋诗》，册一三，页 8922）；黄裳《谢人惠茶器并茶》"每思北苑甘与滑"（《全宋诗》，
　　册一六，11019），等等。此墓所出青白釉斗笠盏下书一"甘"字，大约也有这样的含义。
　　当然此"甘"字还可以有其他的解释。

图 39　银釦黑釉天目盏 江西婺源
石田村汪赓妻程宝睦墓出土

图 40　银釦青白瓷斗笠盏 江西婺源
石田村汪赓妻程宝睦墓出土

银釦青白瓷斗笠盏盏心

鎏金铜盏托、鎏金铜渣斗，又锡盒一对。锡盒大小与前举夏港宋墓所出漆盖罐相仿。周煇《清波杂志》卷四"茶器"条云："茶宜锡""若以锡为合，适用而不侈"。可知锡盒也是用作储茶。这一组用作随葬的茶具，黑、白盏共存，与前举夏港宋墓之例同看，可知即便北宋，茶事中也并不是黑盏独尊。南宋就更是如此。江西婺源县石田村汪赓妻程宝睦墓出土茶盏中有银釦黑釉天目盏，也有银釦青白瓷斗笠盏[1]（图 39、图 40），即是一例。顺便不妨稍稍提及金银茶盏的使用，虽然实例不多，却有比较特殊的一件，即与前举银铫同出的四川德阳孝泉镇清真寺窖藏中的"凤穴"银盏。银盏内壁满饰錾刻精细的穿花凤凰一对，内底心打出錾了水波纹的一个浅凹，水波中间一个小小的牌记，上有"凤穴"二字[2]（图 41）。茶盏的纹饰不免使人想到宋代北苑御用珍品中的"龙团"和"凤团"，那么这里的设计意匠，大约即在于暗喻点凤团茶必要如此考究的茶盏才是佳配，或者反过来说，茶盏之秀逸，原是为了"引凤"，以使茶器与茶臻于双美。而内蒙古巴彦淖尔市临河区高油房西夏城址出土金盏托一副，茶盏内壁錾折枝蜀葵、折枝牡丹和一把莲，内底心双钩的圆框内錾刻团凤，或者竟也是相似的设计构思[3]（图 42）。点茶舍瓷盏而代之以金银之器，固未必适宜，却不妨以此来彰显粹美与珍重。以当日流行的团凤纹妆点茶盏，适与"凤团"暗合，自又别添意趣。

图 41 "凤穴"银盏 四川德阳孝
泉镇清真寺宋代窖藏

图 42 金盏托 内蒙古巴彦淖尔市
临河区高油房西夏城址出土

金茶盏

　　作为斗茶之要的建溪官焙，斗茶盛日不必说多成贡品，此后也大
抵如是，除朝廷分赐大臣及得赐者持以分赠友朋之外，并不是寻常可
得。而传统的草茶，如顾渚、日注、双井、蒙顶等，本来为世人所爱，
顾渚、日注且久在岁贡[4]。日注等草茶亦以白为上[5]，并且饮茶也重乳
花，如前所述，唐代已是如此，如崔珏《美人尝茶行》"银瓶贮泉水
一掬，松雨声来乳花熟"[6]，等等。宋人所咏则更多，梅尧臣谢人遗
双井茶及茶具句云"鹰爪断之中有光，碾成雪色浮乳花"[7]；苏辙《宋
城宰韩秉文惠日铸茶》"磨转春雷飞白雪，瓯倾锡水散凝酥"[8]；孔平
仲《送郭明叔任分宁》"梅山晚翠屏当户，茶井春芽雪满瓯"[1]，后者

1　墓葬年代为嘉定四年。《婺源博物馆藏品集粹》（詹祥生主编），图二七、二八，文物出
　　版社二〇〇七年。
2　今藏四川博物院，此为深圳博物馆举办《天府遗珍》展所见并摄影。
3　今藏内蒙古博物院，此为南京博物院举办《金色中国》展所见并摄影。
4　陆游《过武连县北柳池安国院煮泉试日铸、顾渚茶，院有二泉皆甘寒，传云唐僖宗幸
　　蜀在道不豫，至此饮泉而愈，赐名报国灵泉云三首》之三句下自注："日铸贮以小瓶，
　　蜡纸丹印之，顾渚贮以红蓝缬囊，皆有岁贡。"《全宋诗》，册三九，页 24315。
5　叶适《寄黄文叔谢送真日铸》诗自注云"日铸世以香为贵，亦尚白"，《全宋诗》，册五〇，
　　页 31209。
6　《全唐诗》，册一八，页 6857。
7　《晏成绩太祝遗送双井茶五品，茶具四枚，近诗六十篇，因以为谢》，《全宋诗》，册五，
　　页 3153。
8　《全宋诗》，册一五，页 9935。按《方舆胜览》卷六《浙东路绍兴府》：日铸茶，在会稽
　　东南五十里有日铸岭，其地产茶。欧阳公尝曰：两浙产茶，日铸第一。

之春芽，指双井，分宁所出也²。杨万里谢人惠茶云"瓷瓶蜡纸印丹砂，日铸春风出使家""松梢鼓吹汤翻鼎，瓯面云烟乳作花"；又《以六一泉煮双井茶》，句云"鹰爪新茶蟹眼汤，松风鸣雪兔毫霜"³，末一例亦如陆游《闲中》之句"活眼砚凹宜墨色，长毫瓯小聚茶香"⁴，是南宋时期兔毫、鹧鸪等黑茶盏的使用，实与白茶盏相同，而与斗茶并没有必然的联系。

附带论及今人讲斗茶而征引最多的《斗茶记》。文不很长，不妨照录如下：

政和二年三月壬戌，二三君子相与斗茶于寄傲斋。予为取龙塘水烹之，而第其品。以某为上，某次之，某闽人，其所赍宜尤高，而又次之。然大较皆精绝。盖尝以为天下之物有宜得而不得，不宜得而得之者。富贵有力之人或有所不能致，而贫贱穷厄流离迁徙之中或偶然获焉。所谓"尺有所短，寸有所长"，良不虚也。唐相李卫公好饮惠山泉，置驿传送，不远数千里，而近世欧阳少师作《龙茶录序》，称嘉祐七年亲享明堂，致斋之夕，始以小团分赐二府，人给一饼，不敢碾试，至今藏之。时熙宁元年也。吾闻茶不问团铤，要之贵新；水不问江井，要之贵活。千里致水，真伪固不可知，就令识真，已非活水。自嘉祐七年壬寅至熙宁元年戊申，首尾七年，更阅三朝，而赐茶犹在，此岂复有茶也哉。今吾提瓶走龙塘无数十步，此水宜茶，昔人以为不减清远峡。而海道趋建安不数日可至，故每岁新茶不过三月至矣。罪戾之余，上宽不诛，得与诸公从容谈笑于此，汲泉煮茗，取一时之适，虽在田野，孰与烹数千里之泉，浇七年之赐茗也哉。此非吾君之力欤。夫耕凿食息，终日蒙福而不知为之者，直愚民耳，岂吾辈谓耶。是宜有所纪述，以无忘在上者之泽云。

此是唐庚贬谪惠州时作，见《眉山文集》卷二。同卷有《寄傲斋记》，云："吾谪居惠州，扫一室于所居之南，号寄傲斋。""寄傲"，原从陶渊明《归去来兮辞》取意。此文却是借茶事以浇胸中块垒。其时斗茶本有专指，品茶，则鲜以"斗茶"为称。《斗茶记》，品茶也，"斗茶"二字却是特地借来，意在非之。因此它并不是斗茶之别派，而是为天下士人饮茶说法，所谓"为世外淡泊之好，以此高韵辅精理者"也[5]，正如同陆羽《茶经》中的"九之略"。

如前所述，对饮茶清雅之韵的追求，陆羽已开其端，两宋则蔚成茶诗中的胜境。"潋潋药泉来石窦，霏霏茶蔼出松梢""阁掩茶烟晚，廊回雪溜清"[6]，林和靖的清辞丽句始终润泽着茶诗中的一脉清气。"置邮纵可走千里，不如一掬清且鲜。人生适意在所便，物各有产尽随天"[7]，《斗茶记》的同调在两宋茶诗中不胜枚举。若谓茶诗与茶事中特有诗人之境，则"淡如秋水净，浓比夏云奇"[8]，适可移来为之品题。此一时代酿就的气韵与风致，绵延至明更成大观，饮茶方式改变，而士人所爱的茶之清韵依然。至于宫廷斗茶，虽然曾有着无所不在的精微妙致，然而相去饮茶的秋水夏云之韵，却何止"一水、两水"。衰歇既速，它便只是成为茶故事，而终于与茶无关了。

1　《全宋诗》，册一六，页 10894。

2　《方舆胜览》卷十九《江西路隆兴府》：双井，在分宁县西二十里。黄山谷所居之南溪有二井，土人汲以造茶，为草茶之第一。

3　《谢岳大用提举郎中寄茶果药物三首》，《全宋诗》，册四二，页 26340、26339。

4　《全宋诗》，册四〇，页 24877。

5　苏轼《书黄道辅〈品茶要录〉后》，《苏轼文集》，册五，页 2067，中华书局一九八六年。语本论黄著，但移之以评《斗茶记》，也很恰当。

6　《湖山小隐二首》，《全宋诗》，册二，页 1208；《寄思齐上人》，页 1201。

7　蒲寿宬《登北山真武观试泉》，《全宋诗》，册六八，页 42761。

8　王谌《题诗僧亚愚眉白集》，《全宋诗》，册六二，页 38812。

四时花信展尽黄金缕：

两宋金银器类型、名称与造型、纹饰的诗意解读

小引

以"两宋金银器"为题，是因为金银器的制作与使用，南宋与北宋实在无法截然分开。不过就目前发现的宋代金银器遗存而言，可以明确为北宋者，数量远少于南宋，因此这里列举的金银器实例，其实是以南宋为主。

两宋金银器皿的使用，由宫廷而民间，数量之巨，远逾于前。皇室嫁娶，宫中诞育、册封诸吉且无论，宰相生日[1]，大臣去世[2]，学士草制润笔[3]，都不离金银。朝廷赐予寺观之物也多有金银器[4]。南宋与金的往来朝聘以及宋廷维系与周边各个政权的朝贡关系，更是少不得巨量金银器的支撑。带具、马具、馔器、盥洗用具，金银器作为赏赐与礼品，动辄百两、数百两、千两乃至万两[5]。

平居时候的一般用器，上自九重，下至中等以上之家都是金银为

1　蔡絛《铁围山丛谈》卷二："国朝礼大臣故事，亦与唐五季相踵。宰相遇诞日，必差官具口宣押赐礼物。其中又涂金镂花银盆四，此盛礼也。独文潞公自庆历八年入拜，厥后至绍圣岁丁丑，凡五十年，所谓间镀钑花银盆固在。遇其庆诞，必罗列百数于座右，以侈君赐。当时衣冠传以为盛事。"文潞公即文彦博。

2　朱彧《萍洲可谈》卷一，故事：宰相薨，驾幸浇奠，褰帷视尸，则所陈尚方金器尽赐其家，不举帷则收去。宰相吴充，元丰间薨于私第，上幸焉，夫人李氏徒跣下堂，叩头曰："吴充贫，二子官六品，乞依两制例持表，仍支俸。"诏许之。然仓卒白事，不及褰帷。驾兴，诸司敛器皿而去，计其值，与二子特支俸颇相当，因谓官物有定分，不可妄得如此。

3　周必大《玉堂杂记》卷下记翰林学士草后妃、太子、宰相麻之故事曰，"既至便殿，上服帽带，谕以除授之意，御前列金器如砚匣、压尺、笔格、糊板、水滴之属几二百两。既书除目，随以赐之。隆兴初，犹用此例。乾道以后止设常笔砚而已，退则有旨，打造不及，例赐牌子金百两。立后、升储倍之"。

4　范成大《吴船录》记其行旅经峨眉，至白水普贤寺，寺有太宗、真宗、仁宗三朝所赐诸物，中有金银瓶钵、衾炉、匙箸、果罍等。

5　如此情形，多载录于史籍，如《宋会要辑稿》中的《蕃夷》之部所录；由黄纯艳《宋代朝贡体系研究》所列绍兴二十六年宋朝回赐占城、交趾物品表与绍兴二十六年宋朝回赐三佛齐物品表（页 402 ~ 405，商务印书馆二〇一四年），也可见一斑。

主。王君玉《国老谈苑》卷二："苏易简在翰林，太宗一日召对，赐酒，甚欢。上谓易简：君臣千载遇。易简应声答曰：忠孝一生心。上悦，以所御金器尽席悉赐之。"南宋人论宁宗，说他"三十一年敬仁勤俭如一日，天文示变，斋心露祷，禁中酒器，以锡代银"[1]，那么日常所用原都是银器。仕宦之家宴客，也以金银器皿为常，或有不备者，便会被人视作非常。《国老谈苑》卷一："太祖以范质寝疾，数幸其家。其后，虑烦在朝大臣，止令内夫人问讯。质家迎奉，器皿不具。内夫人奏知，太祖即令翰林司送果子床、酒器凡十副以赐之。复幸其第，因谓质曰：卿为宰相，何自苦如此？质奏曰：臣向在中书，门无私谒，所与饮酌，皆贫贱时亲戚，安用器皿。因循不置，非力不及也。猥蒙厚赐，有涉近名。望陛下察之。"所云"果子床"，当为茶床之属，乃轻型便携的小型食案。曰"器皿"而不特别表出质地，通常是指金银器。欧阳修《归田录》卷一记鲁宗道"家贫无器皿"，因每待客于近旁"百物具备"亦即银器齐全的酒肆，也说明馔席金银器，至少是银器的使用，已被视作必须。

都市风光，自然也少不得金银器点染盛丽。《东京梦华录》卷八列数六月里巷陌杂卖的时鲜和冷饮，曰生意兴隆之家，"悉用金银"。日本入宋僧人成寻在《参天台五台山记》中记述见闻，言都市、官府之外，寺院茶饭用具也多为银器，可见时风侵染至出家人亦以此相尚。南渡后，东京繁华重现于本来就是"市列珠玑，户盈罗绮竞豪奢"的临安，《梦粱录》卷十六"酒肆"一节称"杭都如康、沈、施厨等酒楼店，及荐桥丰禾坊王家酒店、闾门外郑厨分茶酒肆，俱用全桌银器皿沽卖，更有碗头店一二处，亦有银台碗沽卖"。周密《武林旧事》卷六"酒楼"条举和乐楼、和丰楼等十余家官酒库名称之后，道"已上并官库，属户部点检所，每库设官妓数十人，各有金银酒器千两，以供饮客之用"。官库、官酒库，即官营酒楼。又同卷"歌馆"条称"近世目击者，惟唐安安最号富盛，凡酒器、沙锣、冰盆、火箱、妆合之类，悉以金银为之"。这里说到的"沙锣"，是盥洗用器，此待后考。

"行在"之外的城镇，繁华不减临安，比如浙东永嘉。叶适《温州开元寺千佛阁记》曰"今之为生者，土以寸辟，稻以参种，水蹙而岸附，垅削而平处，一州之壤日以狭矣。异木别草争植于圃，隆栋深宇角胜于家，龤衣卉服交货于市，四民之用日以侈矣"。此记作于嘉定元年[2]。又《橘枝词三首记永嘉风土》之二："琥珀银红未是醇，私酤官卖各生春。只消一盏能和气，切莫多盃自害身。"[3] 长江以南各地城镇也不例外。张孝祥《二郎神·七夕》咏潭州佳节景象云"南国。都会繁盛，依然似昔。聚翠羽明珠三市满，楼观涌、参差金碧。乞巧处、家追乐事，争要做、丰年七夕"[4]。再如长江边"城郭千万家，营垒相依凭"的鄂州[5]，范成大《吴船录》记淳熙四年途经鄂渚，泊鹦鹉洲前南市堤下，"南市在城外，沿江数万家，廛闬甚盛，列肆如栉。酒垆楼栏尤壮丽，外郡未见其比。盖川、广、荆、襄、淮、浙贸迁之会，货物之至者无不售，且不问多少，一日可尽，其盛壮如此"。稍早于此，有陆游《入蜀记》记乾道六年自山阴往夔州赴任，登鄂州名胜南楼，道"鄂州楼观为多，而此独得江山之要会，山谷所谓'江东湖北行画图，鄂州南楼天下无'是也。下阚南湖，荷叶弥望。中为桥，曰广平。其上皆列肆，两旁有水阁极佳，但以卖酒，不可往"。刘过《酒

1　罗大经《鹤林玉露·甲编》卷三。
2　永嘉之繁盛当然不是自南宋始，北宋杨蟠《永嘉》诗曰："一片繁华海上头，从来换作小杭州。水如棋局分街陌，山似屏帏绕画楼。是处有花迎我笑，何时无月逐人游。西湖宴赏争标日，多少珠帘不下钩。"《全宋诗》，册八，页5050。
3　《叶适集》（刘公纯等点校），页158、125，中华书局一九八三年。
4　词当作于乾道三年作者知潭州初到任时，《张孝祥词笺校》（宛敏灏笺校），页54，黄山书社一九九三年。
5　此联见刘过《九日鄂渚登高楚观分韵得能字》。

141

 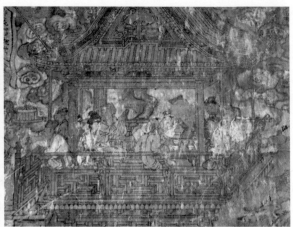

图 1　酒楼图　山西繁峙岩山寺壁画　　　　　　　　　　　酒楼图　局部

楼》一诗所咏当是南宋都市酒楼之常态："夜上青楼去，如迷洞府深。
妓歌千调曲，客杂五方音。藕白玲珑玉，柑黄磊落金。酣歌恣萧散，
无复越中吟。"[1] 所谓"妓歌千调曲"，也正是宋代饮酒习俗之要。

　　两宋金银器，尤其是金银馔器，与花与歌与酒关系最为密切。其
时士大夫以及乡绅富户商贾几乎家蓄声伎，少则几人，多则几十甚至
数百[2]。"一曲新词酒一杯"，并不独见于宰相家，以歌送酒，实在是
宴席之常[3]。它因此成为宋金寺院壁画、墓葬壁画以及装饰艺术等热
衷表现的题材，如山西繁峙岩山寺壁画佛传故事中的一幅市井酒楼
图[4]（图1），如大同市金代徐龟墓墓室西壁的酒筵图[5]（图2），如哈尔
滨阿城区出土金代银鎏金果盒的盖面图案[6]（图3）。南宋戴复古有《洞
仙歌》一阕，道是："卖花担上，菊蕊金初破。说着重阳怎虚过。看
画城簇簇，酒肆歌楼，奈没个巧处，安排着我。／家乡煞远哩，抵死
思量，枉把眉头万千锁。一笑且开怀，小阁团栾，旋簇着、几般蔬果。
把三杯两盏记时光，问有甚曲儿，好唱一个。"[7] 其情其景，与岩山寺

图2　大同市金代徐龟墓墓室西壁酒筵图摹本　　　　　　　　　酒筵图 局部

壁画中的市井酒楼图实在凑合得紧。而从考古发现来看，与南宋同时的金朝，特别是汉族聚居地区，不论出土器物抑或寺观、墓葬壁画，都反映出宴饮习俗以及金银器的使用，与南宋几乎无别。

用作送酒的"新词"多是出于士大夫之手，歌唱则有清乐、小唱之类。灌园耐得翁《都城纪胜》"瓦舍众伎"一节记道，"清乐比马后乐，加方响、笙、笛，用小提鼓，其声亦轻细也"，"唱叫小唱，谓执板唱满曲、曲破，大率重起轻杀，故曰浅斟低唱"。是清乐伴奏多，小唱则省便，即歌伎执拍板唱慢词，起处音高，收时柔曼，以取余音

1　《龙洲集》卷七。

2　词学名著《碧鸡漫志》便是因常有置酒听歌之欢而成就，作者自序曰："乙丑（绍兴十五年）冬，予客寄成都之碧鸡坊妙胜院，自夏涉秋，与王和先、张齐望所居甚近，皆有声伎，日置酒相乐，予亦往来两家不厌也。"作者王灼除短暂入幕外，一生未仕。

3　宋词的传播，也大半依凭这一广阔的空间，王兆鹏《宋代文学传播探原》于此有专章论述（武汉大学出版社二〇一三年）。

4　壁画绘制者为"御前承应画匠"王逵、王尊等，成于金大定七年。本书照片为实地所摄。

5　墓葬年代为金海陵王正隆六年，见大同市博物馆《山西大同市金代徐龟墓》，页51～57，图版壹，《考古》二〇〇四年第九期。本篇照片系陈于大同博物馆的壁画摹本。

6　器藏金上京历史博物馆，此为观展所见并摄影。

7　《全宋词》，册四，页2306。

图3 银鎏金果盒盖面图案（金代）
哈尔滨阿城区出土

裒裒之效。宴饮一场，把盏数轮，时称第一盏、第二盏、第三盏，至于若干。每一盏之间都必要有送酒歌，歌词与筵席主题、气氛，还有宾主的身分乃至性情、爱好相合，才是最好[1]。朝会、圣节等宫廷大宴如此，宫禁曲宴亦即内苑留臣下赐宴[2]，也是如此。隆兴元年，胡铨侍讲经筵之后，孝宗于后殿内阁曲宴相款，君臣坐对问答如家人父子，铨作《经筵玉音问答》一篇详记此番恩遇，歌唱送酒，诸般细节历历分明，可据以窥知南宋宴饮习俗之大略[3]。

一 类型、名称与用途

金银器中品类最丰富的一项，是所谓"馔器"[4]，换句话说，便是筵席上的各种用具。南宋人编纂的一部日用小百科《碎金》中"酒器"一项列出的各种名目是其大概，这里当然不是专指金银制品，但金银器自是包括在内，即樽、榼、樏（原小字注：垒子）、果合、泛供，劝盏、劝盘、台盏、散盏，注子、偏提，盂、勺，酒经、急须、酒罂、马盂，屈卮、觥、觞、大白，见该书《家生篇》第二十三[5]。所举名称虽然不少，不过实际上很有几种是一器多名，即器有古称或曰雅称，也有俗称，并且还有泛称。

《碎金》中的酒经、酒罂，均为贮酒器。酒罂又或称作酒瓮、酒坛。酒经，宋人诗歌中每呼作长瓶。列在这里的榼，也是指盛酒器，陆游《醉中歌》"长瓶巨榼罗盎盎"[6]，即此。如果不使用注子，长瓶自也不妨直接倾酒入杯。苏轼《蜜酒歌》"三日开瓮香满城，快泻银瓶不须拨"。拨，此指滤酒。瓮酒入银瓶，此瓶即可用来斟酒。杨万里《惠泉酒熟》"抱瓮输竹渠，挈瓶注银盃"[7]，其情似之。天津博物馆藏一幅宋人《月下把杯图》，画面右上题作"相逢幸遇佳时节，月下花前且把盃"。右下方露出大半身的长桌上放着高钉和酒樽，樽里插着酒勺。桌子下边一对酒坛，一个荷叶盖的大瓮，或是清泉一器。主仆五人，主人执手把杯，一个童子捧长瓶，一个童子捧果盘，又一个童子捧巾（图4）。可见长瓶的使用情形。近年考古发现中常与酒具同出的有银长瓶，尺寸一般在二十多厘米高，如分别出自南京江浦南宋张同之墓和浙江衢州南宋史绳祖墓的两件[8]，如四川德阳孝泉镇清真寺窖藏中的两件[9]（图5、图6、图7、图8）。

1 豪奢逾常者，有周密《齐东野语》卷二十"张功甫豪侈"条记张镃牡丹会故事。又《三朝北盟会编》卷一四八记孔彦舟事："孔彦舟在鄂州授蕲黄州镇抚使，中秋日，彦舟作筵会，东边坐统制将官，西边坐州县官。早筵十二盏，每盏出四美人，秾纤长短大抵一般，又一般装束，执板讴词，凡四十八人。晚筵十二盏，每盏出四女童，如早筵，亦四十八人。器皿尽用黄金。"

2 宋赵升《朝野类要》卷一"曲宴"条："有旨内苑留臣下赐宴，谓之曲宴，与大宴不同之义也。"

3 张鸣《胡铨〈经筵玉音问答〉考释：以南宋宫廷唱词为中心》，页248～267，载《宋代都市文化与文学风景》，北京语言大学出版社二○一三年。

4 《冷斋夜话》卷十："王荆公居钟山，特与金华俞秀老过故人家饮。饮罢，少坐水亭，顾水际沙间有馔器数件，皆黄白物，吏莫窣之，故使人问司之者。乃小儿适聚于此食枣栗，食尽弃之而去。"

5 《重编详备碎金》（南宋张云翼编），《天理大学图书馆善本丛书·汉籍之部》第六卷，天理大学出版社影印本，一九八一年。

6 钱仲联《剑南诗稿校注》，页92，上海古籍出版社一九八五年。按本文引放翁诗，均据此书。

7 辛更儒《杨万里集笺校》，页571，中华书局二○○七年。按本文引诚斋诗，凡未另外注明者，均据此书。

8 前例见《梦粱物鉴：浙藏南宋文物珍品展》，页36，香港文汇出版社二○一一年（本书所举此墓出土器物，照片均承浙江省博物馆提供）；后例今藏南京市博物馆，照片系参观所摄。

9 器藏四川博物院。按该窖藏中物曾在深圳博物馆举办的"天府遗珍展"展出大部，本书所举之例均为观展所见及摄影。

图 4 《月下把杯图》天津博物馆藏　　　　　《月下把杯图》局部

樽，或作尊，本来属于泛称，但如果是某个场合里斟酒器用的特指，那么它是与长瓶相较腹圆而矮者。陆游《携瘿尊醉梅花下》"拥肿轮囷元媚妩"，是酒人爱它大肚能容，"拥肿轮囷"，腹圆也。此外一种古老的式样是造型如盆的盆式尊。瓮酒启封，倒入盆式尊，再用酒勺分酌于酒杯，这种方式自两汉一直流行到唐五代。唐李匡文《资暇集》卷下"注子偏提"条说道，"元和初，酌酒犹用樽勺，所以丞相高公有'斟酌'之誉，虽数十人，一樽一勺，挹酒而散，了无遗滴"。此为宋以前的传统酌酒方式。两宋的时候斟酒已是多用注子，此际以盆式尊为酌酒器，原是为了以此古典趣味而别见超迈脱俗，所用便多

1　《鹤林玉露·乙编》卷二"老瓦盆"条："杜少陵诗云：莫笑田家老瓦盆，自从盛酒长儿孙。倾银注玉惊人眼，共醉终同卧竹根。盖言以瓦盆盛酒，与倾银壶而注玉杯者同一醉也，尚何分别之有。"

2　《全宋词》，册三，页 1613。

3　浙江大学中国古代书画研究中心《宋画全集》第二卷第二册，图四十三，浙江大学出版社二〇〇九年。

4　《宋画全集》第三卷第二册，图十五。

为陶瓷器，宋人因此每援杜诗之典称作"瓦盆"[1]，如范成大《朝中措》"消磨景物，瓦盆社酿，石鼎山茶"[2]。"石鼎"，这里当指煎茶用的石铫，也是宋人眼中的烹茶之"古法"。上海博物馆藏宋佚名《松下憩寂图》[3]（图9），一僧袒腹坐松下，松枝上挂了一个葫芦，面前摊开一纸，傍纸放着笔和墨，还有一方风字砚。身边一个仰莲纹的盆式尊，内置酒勺。辽宁省博物馆藏宋佚名《女孝经图》中的《三才章》第七，场景之一是图绘"导之以礼乐而民和睦"的意思[4]，画幅中树下席坐五人，吹笛者一，击拍板者一，拍手节奏及应节舞蹈者各一，持杯观看者居正位。地上陈放果盘和酒盏，中间一个盆式尊，里面插一柄酒勺。两个场景都是以盆式尊的使用而见古意（图10）。

不过盆式尊似乎还有一个用途，便是合酒。罗大经《鹤林玉露·丙编》卷四"酒有和劲"一则说到他所经验的合酒之美："顷在太学时，同舍以思堂春合润州北府兵厨，以庆远堂合严州潇洒泉，饮之甚佳。""厥后官于容南，太守王元邃以白酒之和者，红酒之劲者，守自剂量，合而为一，杀以白灰一刀圭，风韵顿奇。索余作诗，余为长句云：'小槽真珠太森严，兵厨玉友专甘醇。两家风味欠商略，偏刚偏

图5　银长瓶　江苏南京江浦南宋张同之墓出土　　图6　银长瓶　浙江衢州南宋史绳祖墓出土　　图7　银长瓶（失盖）四川德阳孝泉镇清真寺窖藏　　图8　银长瓶　四川德阳孝泉镇清真寺窖藏

图 9 《松下憩寂图》局部 上海博物馆藏　　　　图 10 《女孝经图》局部 辽宁省博物馆藏

柔俱可怜。使君袖有转物手，鸬鹚勺中平等分。更凭石髓媒妁之，混融并作一家春（下略）。'"思堂春等四种酒，均见于《武林旧事》卷六"诸色酒名"。所谓"小槽真珠"，语出李贺《将进酒》，即所谓"小槽酒滴真珠红"，此借指红酒。"鸬鹚勺"则用李白《襄阳歌》之典，谓酒勺。宋人曰"白酒"，多指生酒，如杨万里《生酒歌》所咏[1]。红酒则是黄酒的一种，酿制红酒的方法之一是取用红曲，刘过《红酒歌·呈京西漕刘郎中立义》"桃花为曲杏为醭，九酝仙方得新法。大槽迸裂猩血流，小槽夜雨真珠滴"[2]，所云即是。两浙造酒用石灰，庄绰《鸡肋编》卷上与卷下曾两番述及。白酒与红酒，性温与性烈，或者其他，总之，合两种风味不同的酒于一器，此器自以敞口的盆式尊最为合用。刘克庄《满江红》词"傅相生日，甲子"一题句有"阿母瑶池枝上实，仙人太华峰头藕。泻铜盘沆瀣入金卮，为公寿"。此"傅相"，乃贾似道，甲子为景定五年[3]。词作所云"铜盘"，当为浅盆[4]。"沆瀣"，若以它的出典为解[5]，那么在此似是二者混一的意思。后村又有《贺新郎·赋黄荼䕷》一首，句云"罗帕封香来天上，泻铜盘沆瀣供清酌"，意谓以荼䕷配酒。按照《北山酒经》的说法，"泻铜盘"云云，或即指将浸过荼䕷的法酒"匀入酒内"[6]。前引大同市金代徐龟墓墓室西壁酒筵图,图绘开敞的厅堂里竹帘高卷,厅堂中间一个铺设案帐的大食案,案上放着果盘以及台盏、注碗等各式酒器,案前的木架子上坐着一对长瓶,瓶身各贴不同名称的标签。案边女子九人,伎乐之外,捧注碗者一,捧台盏者一,另有一人手里拿了长瓶,正向一个花口宽沿的盆里注酒。长瓶向着盆式酒尊注酒,似即表现合酒的场景。考古发现中的南宋金银器窖藏,如福建邵武故县窖藏[7]、江西星子县陆家山窖藏[8]、江苏溧阳平桥窖藏[9],与酒器同出的均有银或金花银盆,口径在 15 至 20 厘米之间,此类器皿或即酒尊之属(图11、图12、图13)。盆式酒尊的内底心常饰以涟漪水藻中并游的鎏金双鱼,北宋词人笔下即有它的剪影,如张先《醉垂鞭·钱塘送祖择之》"酒面滟金鱼,吴娃唱,吴潮上"[10]。而盆式尊,时人又或称作"酒盆",如张孝祥《渔家傲》一首,题作"红白莲不可并栽,用酒盆种之,遂皆有花"[11]。那么用于

1　开篇几句道:"生酒清于雪,煮酒赤如血,煮酒不如生酒烈。煮酒只带烟火气,生酒不离泉石味。"

2　《龙洲词》卷一。

3　辛更儒《刘克庄集笺校》,册十一,页 7305,中华书局二〇一一年。按本篇所引后村诗均据此书。

4　《参天台五台山记》卷一中说到以"银花盘送茶汤",可以盛放茶汤的银盘,也应是浅盆。

5　王谠《唐语林》卷七:"崔相沆知贡举,得崔瀣。时榜中同姓,瀣最为沆知。谭者谓:座主门生,沆瀣一气。"

6　北宋朱肱《北山酒经》卷下"荼蘼配酒":"七月开荼蘼,摘取头子,去青萼,用沸汤焯过,纽干,浸法酒一升。经宿,漉去花头,匀入酒内,此洛中法。"洪适《荼蘼》诗曰"体薰尘外香,骨醉壶中酒",也是荼蘼配酒之意。

7　王振镛等《邵武故县发现一批宋代银器》,《福建文博》一九八二年第一期。承邵武博物馆惠允,得以观摩窖藏实物,本篇所引窖藏器物照片均承福建博物院提供。

8　承江西省博物馆惠允,得以观摩窖藏实物,照片观展所摄。

9　镇江博物馆《镇江出土金银器》,文物出版社二〇一二年。承镇江博物馆惠允,得以几番观摩窖藏实物,本篇照片均承镇江博物馆提供。

10　"酒面滟金鱼"句,《张先集编年校注》释作"杯中之酒盈溢浮动如金鱼泛光"(页 38,浙江古籍出版社一九九六年),似未确。

11　《全宋词》,册三,页 1717。

图 11　金花银盆　福建邵武故县窖藏

图 12　银盆　江西星子县陆家山窖藏

图 13　金花银盆　江苏溧阳平桥窖藏

金花银盆内底心

以勺挹酒分酌又兼了合酒的盆式尊，也可名作酒盆。

　　两宋斟酒之器以注子为主，偏提则是注子的别名，方以智《通雅》卷三十三《器用》："偏提，酌酒注子也。"酒注的造型，初始当是得自汤瓶，《资暇集》所谓"若茗瓶而小异"，适可见其渊源。而它如果不是以注碗一副的组合形式出现，与汤瓶的分别其实并不明显。注子与温碗合作一副的使用，也是到了宋代方才流行。其时呼作"注子一副"，便是包括温碗在内的，如四川彭州南宋金银器窖藏中自铭"注子一副重叁拾壹两"的银注子[1]（图14）。温碗的功用是温酒，宋人称之为"煗荡"。如《都城纪胜》"四司六局"一节记曰"茶酒司专掌宾客茶汤，煗荡筛酒，请坐咨席，开盏歇坐，揭席迎送，应干节次"。又《梦粱录》卷十九《四司六局筵会假赁》曰"民庶家俱用茶酒司掌管筵席合用金银酒茶器具"，及"煗荡斟酒"等事。四川德阳孝泉镇

图 14　银注子一副 四川彭州南宋金银器窖藏　　图 15　银注子一副 四川德阳孝泉镇清真寺窖藏

清真寺窖藏中的银注子一副，是注子的基本样式（图 15）。高宗绍兴二十六年交趾进奉贺昇平物有"五十两数妆宝金酒注一副"[2]，便是豪华型了。

　　筵席中的饮酒之器，《碎金》所举劝盏、台盏、散盏、盂、屈卮、觥、觞、大白，差不多都已包括在内。

　　觞和觥均可以视作酒杯的泛称，不过觥的含义更多一重曲折。觥之初义是罚爵，虽然式样和罚酒的形式迭经变化，但罚酒的意思究竟沿用下来。至于宋代它才多半是饮酒或劝酒之器的泛指[3]。《鹤林玉露·丙编》卷四"蔡攸辞酒"条曰："蔡攸尝赐饮禁中，徽宗频以巨觥宣劝之。攸恳辞不任杯勺，将至颠踣。"此所谓"巨觥"，便是劝酒用的大杯。此大杯，也不妨称作"大白"，因为"大白"原初也是罚爵之名。苏轼《西江月·坐客见和复次韵》"翠袖争浮大白"，宋《傅

1　铭文錾于温碗足内。成都市文物考古研究所《四川彭州宋代金银器窖藏》，页 104，彩版三一，科学出版社二〇〇三年。

2　《宋会要辑稿·蕃夷七》（刘琳等校点），册十六，页 9966，上海古籍出版社二〇一四年。

3　关于劝盏的考述，见小文《罚觥与劝盏》（《奢华之色：宋元明金银器研究》卷三，中华书局二〇一一年）。

干注坡词》即举汉故事以释义 [1]。只是在实际生活中，觥和大白的罚爵之义已经很少用到 [2]。

"台盏"与"散盏"的分别，在于前者是一副，后者是单只。杯盏下有承盘，便合为台盏一副。承盘式样大致有三种。其一，承盘内心凸起一个高高的小圆台，此即名作酒台子，如四川德阳孝泉镇清真寺窖藏中的银台盏一副 [3]（图16）。其一，盘内心只是凸起一个小圆环，环心錾刻折枝花或其他纹样。它与酒盏合为一副，便称作盘盏。如浙江桐乡骑塘龙吟金家木桥窖藏中的银盘盏一副 [4]（图17）。其一，盘心并不另外作出容纳杯盏的标识，而只是以造型和纹样与杯盏的一致或呼应来显示二者的组合关系，如安徽休宁南宋朱晞颜墓出土金盘盏一副 [5]（图18）。而"台盏"之名有的时候也是这一类有承饮具的统称，即可以把"盘盏"也包括在内。

图16 银台盏一副 四川德阳孝泉镇清真寺窖藏

与构成组合的"一副"相对言，单独的酒盏，便是"散盏"。四川南江县玉泉乡欧家河窖藏出土同式九件银花口盏，银盏口部压印"辅家记"，又錾刻长铭一周曰"两司库管银打造到清酒都务散盏一百隻，共重百玖拾贰两陆钱半，嘉定二年十一月十五日银匠辅顯之、李三一监管逯定，范世昌" [6]（图19）。器有自铭，我们自

图17 银盘盏一副 浙江桐乡骑塘龙吟金家木桥窖藏

银盏

银盘

图 18　金六方盏　安徽休宁
南宋朱晞颜墓出土

金六方盘

图 19　"散盏"铭银花口盏　四
川南江县玉泉乡欧家河窖藏

图 20　金屈卮　浙江兰溪市灵洞
乡宋墓出土

图 21　金盏　福建邵武故县窖藏

可睹物而知名了。

　　至于杯、盏之别，则大致可以说，有柄者曰杯，曰卮，曰屈卮；无柄者，曰盏。前者可以浙江兰溪市灵洞乡宋墓出土金杯为例[7]（图20）；后者可以福建邵武故县窖藏金盏为例（图21）。不过杯与盏其实常常混称，区分并不严格，诗词中尤其如此。而所谓"劝盏"，应该也是包括了"劝杯"的，劝盏、劝杯之义便适如其名，即劝饮之器，

1　注云："《汉书》：引满举白者，罚爵之名也。饮不尽者，即以此爵罚之。魏文侯尝与大夫饮酒，令曰：不釂者浮以大白。于是公乘不仁举大白以浮君也。"釂，饮酒尽也。
2　当然酒筵设罚杯的做法也偶或使用，如《国老谈苑》卷一记陶穀事云："浙帅开宴，置金锺以为罚爵。穀后因卧病，浙帅使人问其所欲，穀以金锺为请，浙帅以十副赠之。"陶穀系由五代后周入宋。而罚爵之义也还为人所用，如陈造《客以诗为东园饮不果次其韵二首》"会须把酒杏花前，祇唤茶瓯充罚爵"，《全宋诗》，册四五，页28083。
3　作为承盘的酒台子，有铭曰"癸巳南宅号"。
4　器藏桐乡博物馆，此系参观所见并摄影。
5　今藏安徽省博物馆，此系参观所见并摄影。
6　《中国金银玻璃珐琅器全集·金银器》，第二卷，图二四三，河北美术出版社二〇〇四年。
7　兰溪市博物馆《浙江兰溪市南宋墓》，图版八：1，《考古》一九九一年第七期。

图 22　金钿银酒盂　江苏南京江浦黄悦岭南宋
张同之夫妇墓出土

银盘

图 23　金钿琉璃盏　浙江金华陶朱路村舒公墓出土

图 24　金钿玛瑙盏　安徽来安县相官公社宋
墓出土

它原是由罚盏演变而来，因此也同罚盏一样，通常是酒筵中式样殊异
的饮酒器。

　　杯盏之外尚有酒盂，《碎金》"酒器"一项列举的盂，即特指酒盂。
如钵一般平底无足，但器口不内敛，便是盂的基本式样。宋代日用之
器有酒盂、汤盂和熟水盂子，还有与唾盂合为一副配合使用的钵盂。
酒盂也不妨与承盘构成组合，如南京江浦黄悦岭南宋张同之夫妇墓出
土的一副[1]（图 22）。

　　同金银杯盏一样引人注目的还有各种金银钿器，时称"棱作"[2]。
戴侗《六书故》第四"钿"条称之为"金饰器口也"，此"金"指金属。
浙江金华陶朱路村舒公墓出土金钿琉璃盏[3]，安徽来安县相官公社出
土金钿玛瑙盏[4]（图 23、图 24），做工之精，材质之美，愈于纯金纯银

之器。陶瓷杯盏加金银釦，也是两宋风气。江少虞《宋朝事实类苑》卷九《名臣事迹》"魏咸熙"一则曰，魏咸熙性宽厚，任太仆少卿，累典藩郡，"归朝大治酒具，宾友集馔，陈越中银釦陶器，僮仆数人共举食案而前，相嘲谑，足跌，尽碎之，坐客皆失色，咸熙殊不变容，但令易它器，别具蔬果，亦不加笞责"。"越中银釦陶器"，当是加了银釦的青瓷器，作为"大治酒具"中的一项，且因毁损而令一席失色，可见它的为时人所重。

　　席面不可或缺之物尚有干鲜果品以及蜜煎等，蜜煎，大致同于今之蜜饯，《碎金》中的果合、劝盘当是用来盛放此类。果合，即果盒。里面装上几个小小的隔板，便成攒盒亦即檠子。檠子，也称果罍，又作罍子。杨万里《三月三日上忠襄坟，因之行散，得十绝句》："女唱儿歌去踏青，阿婆笑语伴渠行。只亏郎罢优轻杀，罍子双担挈酒瓶。"又《岁之二日欲游翟园，以寒风而止》句云"南烹北果手自钉，漆罍银瓶色相映"，是踏青游园的食担上均少不得有此一事，并且各色果品总是与酒相伴。前引陆游《醉中歌》上曰"长瓶巨榼罗盃盂"，下曰"珍盘饾钉百味俱"也。《梦粱录》卷十九《四司六局筵会假赁》之厨司，"掌筵席生熟看食、粆钉、合食"，"精巧簇花龙凤劝盘等事"。又果子局，"掌装簇钉盘看果、时新水果、南北京果……像生花果、劝酒品件"。"合食"，即盒食，便是"果合"。看食、粆钉、蜜煎等则放在盘或碟子里，遂曰看盘、劝盘、果菜碟。《武林旧事》卷八"皇后归谒家庙（用咸淳全后例）"一节，记述仪注之大要曰：次日"早

1　今藏南京市博物馆，此为参观所摄。
2　《宋会要辑稿·职官二九》"少府监·文思院"，册六，页3781。
3　《梦粱物鉴：浙藏南宋文物珍品展》，页36。
4　今藏安徽省博物馆，此为参观所见并摄影。

泛索"亦即早餐点心，皇后有"茶果十合""小碟儿五件"。"赐筵"，皇后是：绣高饤十、时果十碟、脯腊十碟、细京果十碟、细蜜煎十碟、看菜（一本作果）十碟。亲属则为京果四十罍，脯腊三百碟，时果干果共五百碟。所谓"绣高饤"，其品类同书卷九"高宗幸张府节次略"一节列出八种[1]，蜜煎、脯腊、时新果子等也都各有细目。金银盘碟的用途，大略在此。"玉果金柈"固然是宫廷用器之平常，但"堆饤金柈"却也每为士人的平居生活增添兴味[2]。

盘与碟的分别，大约在于尺寸，即前者大，后者小。果菜碟多在15厘米以下，造型或圆口平底，或花口平底，或许因为它的小而平浅，宋人常以"片"作为计数单位[3]，出自江阴夏港青山窑厂的一件银葵花口果菜碟[4]（图25），平浅的造型便正合于以"一片"为计。而盘与碟本身也还各有大小深浅和长短方圆等造型之别。《宋会要辑稿·蕃夷七》记述高宗绍兴二十六年交趾进奉方物中有"金大果子碟"；孝宗淳熙五年正月六日三佛齐国进表，诸般贡物中有"浅盘八，方盘三，圆盘三十八，长盘一"；"大小碟四，大小蜀葵碟二，小圆碟一"[5]。浅、方、圆、长和蜀葵样，都是两宋盘碟常见的样式。

筵席食器则有碗、匙和箸。洪迈《夷坚三志·己》卷九《傅梦泉》一则曰建昌傅梦泉为衡州教授，衡阳有向氏花圃，海棠甚盛。方花时，傅折简邀诸生六十人往赏之。"人自携一杯一瓯一碗并匕箸。既毕集，布席花间列坐，以大瓮贮酒，大桶盛饭羹，斋仆舁至前，随意酌取"。可见"一杯一瓯一碗并匕箸"，是最基本的餐具，不必说，匕箸是用

图25 银果菜碟 江苏江阴夏港青山窑厂出土

于取食饭羹。舒岳祥《闺怨》"贮雪成酥饤玉盘，劝郎抄取一匙餐"[6]，亲切近人之日常，正宜闺中人寄寓自家的"一春心事"。讲究之家，布席的时候匙箸当插入金瓶或银瓶以备宾客取用。元孔

齐《至正直记》卷一"止箸"条曰:"宋季大族设席,几案间必用箸瓶、查斗,或银或漆木为之,以箸置瓶中。"福州茶园山南宋许峻墓出土银箸瓶一副,瓶里插着银箸一双,银匙一柄[7]。浙江东阳金交椅山宋墓与金银盘盏以及银匙、银箸同出的有银鎏金龙纹匙箸瓶[8]。贵州遵义南宋播州土司杨价夫妇墓男女主人的随葬品中,分别有金、银匙箸瓶,金瓶插着金匙与箸,银瓶插着银匙与箸[9](图26)。

此外还有茶具,如汤瓶、铫子、托盏、茶匙,也是酒筵所必须,如德阳孝泉镇清真寺窖藏中的银铫子、银汤瓶、银托盏[10](图27)。不过除了茶匙多为银制外,茶盏、汤瓶实以瓷器为主,铫子则以石制为常见。德阳窖藏有银盂并银勺一柄(图28),《梦粱录》卷十六"茶肆"一节说到,杭城茶肆"四时卖奇茶异汤,冬月添卖七宝擂茶、馓子、葱茶,或卖盐豉汤,暑天添卖雪泡梅花酒,或缩脾饮暑药之属。向绍兴年间,卖梅花酒之肆,以鼓乐吹梅花引曲破卖之,用银盂勺盏子,

1　即一行八果罍:香圆、真柑、石榴、枨子、鹅梨、乳梨、樑楂、花木瓜。
2　前见杨万里《雪中讲堂赐酒》;后见《初秋戏作山居杂兴俳体十二解》之十。
3　如《丁晋公谈录》曰:真宗朝,"因宴,有一亲事官失却金碟子一片"。又《东京梦华录》卷四"会仙酒楼"条曰:"凡酒店中,不问何人,止两人对坐饮酒,亦须用注碗一副,盘盏两副,果菜碟各五片,水菜碗三五只,即银近百两矣。"
4　今藏江阴博物馆,此为观展所见并摄影。
5　《宋会要辑稿》,册十六,页9966、9971。
6　《全宋诗》,册六五,页41020。
7　福建省博物馆《福州茶园山南宋许峻墓》,页25,《文物》一九九五年第十期。
8　器高13.8厘米,吕海萍《东阳金交椅山宋墓出土文物》,页7(此称之为"银鎏金云龙纹瓶");银匙两柄(其一残),完者长25厘米;银箸两双,长23.6厘米,《东方博物》第三十九辑(二〇一一年)。
9　贵州省文物考古研究所等《贵州遵义市新蒲播州杨氏土司墓地》,图二五(页97),《考古》二〇一五年第七期。按甲午年秋承贵州省文物考古所惠允,得以观摩实物。金银箸瓶及匙箸均曾寓目,金匙一柄,匙柄如柳叶,当是馔器,而非香匙。
10　将这一件银瓜棱壶认作汤瓶,并非因为它是汤瓶的典型样式(酒注也有此式,如辽墓壁画所绘),而是出于对窖藏器物的综合分析,如前面所举,窖藏中与酒盏构成组合的有长瓶和注子,那么与托盏构成组合的理应是铫子和汤瓶。

新编
终朝采蓝
上

图 27　银汤瓶银托盏一副　四川德阳孝泉镇清真寺窖藏

图 26　金匙箸瓶一副　贵州南宋　　图 28　银盂与银勺　四川德阳孝泉镇清真寺窖藏
播州土司杨价夫妇墓出土

亦如酒肆论一角二角"。窖藏中的银盂并勺，或即用于分酌这一类饮料。
前举岩山寺壁画中的市井酒楼图，酒楼外面闹市里一个发卖饮子的货
郎儿，地下歇着栲栳圈串联起来的一挑货郎担，担子的一端是一尊、
一盂和倒扣着的两只盏，货郎儿右手持勺，左手持盏，正向手牵孩儿
的一位妇人递过去（图29）。担子上面和手里用着的器具，当与"银盂
勺盏子"之类同属。

　　除了饮食器具，筵席中又每以好香和时令花卉点缀清雅，杨万里
《昌英知县叔作岁，赋瓶里梅花，时坐上九人七首》之二云"胆样银
瓶玉样梅，北枝折得未全开。为怜落莫空山里，唤入诗人几案来"，
正是酒筵一景。如此自然要有香器和花器。用作插花的"胆样银瓶"，
其造型与同时代的瓷瓶、铜瓶大体相同，实例多属于南宋。四川彭州
金银器窖藏中的一批 [1]，瓶均光素无纹饰。湖南临澧柏枝乡南宋银器
窖藏中有"刘阖造"银胆瓶一对 [2]（图30）。彭州与德阳金银器窖藏，

图 29　卖饮子　山西繁峙岩山寺壁画　　　　　　　　　　卖饮子　局部

又哈尔滨阿城区与馔器同出的均有熏炉，唯出自德阳窖藏者只存器盖
（图 31、图 32）。

两宋金银器中，还有一大类是帝后、皇室以及重臣显宦出行时候
的随行用器。此大类中的各种用物又可大致别作两小类：一是茶汤熟
水用器，一是盥洗清洁用器。

关于茶汤熟水用器，可见本书《物中看画：重读〈春游晚归图〉》
文。家居所用洗漱银器似乎也很可观。除了前面说到的面盆、漱盂之
外，还应有镜架，时称照台。至于南宋女子银妆具中的其他各事，则
为银妆盒、妆盘、油缸、粉盒，如福州茶园山南宋端平二年墓出土的

1　《四川彭州宋代金银器窖藏》，图二一至图三三。
2　《湖南宋元窖藏金银器发现与研究》（扬之水、陈建明主编），图五七、五八，文物出版
　　社二〇〇九年。本篇引述柏枝乡窖藏物，均出此书。

图 30　银胆瓶 湖南临澧柏枝乡南宋银器窖藏

图 31　银熏炉盖 四川德阳孝泉镇清真寺窖藏

图 32　银熏炉（金代）哈尔滨阿城区出土

一组 [1]（图 33）。前举德安咸淳十年墓出土的妆盒中还有两个银粉盒，一个里面放着丝绵粉扑，另一个满盛着白粉和一柄小小的铜鱼尾匙（图 34、图 35）。又有一个银花口碟，碟里放了一方绵胭脂，绵胭脂上还有纤纤玉指拈起它的使用痕迹（图 36）。"沉水烧残金鸭冷，胭脂匀罢紫绵香" [2]，南宋词人的低吟正与它合成一幅美人理妆图，且绵绵幽香存留至今。

二 酒器的造型与纹饰

前节说到以歌送酒为宋代宴饮之常，而两宋酒事又每与花事相连，即席歌唱的送酒"新词"涉及花事者自然也最多，因此酒器的造型与纹饰取意于花卉者，差不多占了第一。此际十分发达的花鸟画以

图33　梳妆用具　福建福州茶园山南宋端平二年墓出土

图34　银粉盒　江西德安桃源山南宋墓出土　　　　　图35　银粉盒　　　　　图36　银胭脂碟

及与绘画紧密相连的刺绣，便是纹样设计的粉本之一，金银焕烂的杯盘碗盏遂使得琼筵瑶席竟也如同一座百花苑。

　　酒器中的要件是杯盏，此中又以劝盏最要式样新巧。设计上独出机杼的一类即象生花式盏，最常取用的象生花，为菊花，为黄蜀葵，为莲花、芙蓉、水仙，为梅花、栀子和菱花。

菊花

　　宋人对菊花的喜爱，范成大《菊谱》开篇的一段话说得最明白："山林好事者，或以菊比君子。其说以谓岁华晼晚，草木变衰，乃独烨然秀发，傲睨风露，此幽人逸士之操，虽寂寥荒寒，而味道之腴，不改其乐者也。神农书以菊为养性上药，能轻身延年，南阳人饮其潭

1　福州市文物管理局《福州文物集粹》，图九三，福建人民出版社一九九九年。
2　刘过《浣溪沙》，《龙洲集》卷十一。

图 37　银菊花盏　四川德阳孝泉镇清真寺窖藏

图 38　银鎏金菊花盘盏一副　福建邵武故县南宋金银器窖藏

图 39　铜鎏金菊卮　陕西历史博物馆藏

水，皆寿百岁。使夫人者有为于当年，医国庇民，亦犹是而已。菊于君子之道，诚有臭味哉。""南阳人"云云，见《后汉书·胡广传》注引盛弘之《荆州记》："菊水出穰县，芳菊被涯，水极甘香。谷中皆饮此水，上寿百二十，七八十者犹以为夭。"这也是宋人祝寿词中最常用到的菊花故事，如刘辰翁《霜天晓角·寿吴蒙庵》"便做月三十斛，饮不尽、菊潭菊"，句下自注："后汉胡广晚年常饮菊水，寿达八十二岁。"[1] 诚如《菊谱》所说，"爱者既多，种者日广"，南宋临安花市因有菊花结作佛塔、制为花屏之盛。彼时"平地拔起金浮屠，瑞光千尺照碧虚。乃是结成菊花塔，蜜蜂作僧僧作蝶。菊花障子更玲珑，生采翡翠铺屏风。……君不见内前四时有花卖，和宁门外花如海"，以至于爱花也爱酒的诗人"抱瓶醉卧锦绣堆"[2]。象生花式盏取用菊花，自有"烨然秀发，傲睨风露"之美，用于祝寿，也是满溢喜瑞。四川彭州窖藏有金菊花盏一件，德阳孝泉镇清真寺窖藏有银菊花盏三件（图 37）。福建邵武故县窖藏则是金菊花盘盏一副（图 38）。陕西历史博物馆藏一件宋代铜鎏金菊卮，口径 5 厘米，高 4.2 厘米，造型取自半开的一朵菊花，袅袅一弯折枝菊做成杯柄，绕腹一周山水小卷：松间月下傍岸听风，柳津花渡泛舟遣兴，坦坦幽人，振振君子，与菊花之韵相映成趣³（图39）。

葵花

宋人所谓"葵花"，原是锦葵科的蜀葵、黄蜀葵之类。洛阳邙山宋代壁画墓出土一对银葵花盘，盘心装饰反向而开的两株折枝黄蜀葵，盘沿有铭曰"行宫公用葵花盘式面共重捌两"⁴，可为确证。蜀葵为中土原产，可以说是传统观赏花木，——当然在先秦时代它的食用远重于观赏。《尔雅·释草》列有"木堇"，郭璞注："似李树，华朝生夕陨，可食。"《释草》之"戎葵"，郭注："今蜀葵也。似葵，华如木槿，黄。"宋代特为酒人所喜者，是锦葵科中的黄蜀葵，亦名黄葵，秋葵，更有名曰侧金盏。《证类本草》卷二十七"黄蜀葵花"条引寇宗奭《衍义》曰："黄蜀葵花，与蜀葵别种，非为蜀葵中黄者也。叶心下有紫檀色。"黄蜀葵花开鹅黄色，花心晕作紫红，即古人所艳称的"檀心"，雄蕊花丝结合若筒而探出很长。宋人常用一副写实笔墨在花卉小品中把葵花表现得风神俱佳，如分别收藏于四川省博物馆和上海博物馆的南宋册页《秋葵图》，如旧题杨婕妤《百花图》中的黄蜀葵（图40）。台北故宫博物院藏一幅宋代刺绣《秋葵蛱蝶图》⁵

1　当然也有借此来做反面文章者，如刘克庄《建阳马掯菊谱》："菊之名著于《周官》，咏于《诗》《骚》，植物中可方兰桂，人中唯灵均、渊明似之。后汉胡广，贵寿偶然尔，乃托菊水以自神。粪土之评，万古不磨。呜呼，非广之辱，菊之辱也。至忠献韩公，始有晚香之句，脍炙人口。近时番禺崔公辞相印不拜，自号菊坡，俱为本朝佳话。呜呼，非二公之荣，菊之荣也。"

2　杨万里《经和宁门外卖花市见菊》；《买菊》。

3　此系观展所见并摄影。

4　洛阳市第二文物工作队《洛阳邙山宋代壁画墓》，页47，图二七：1，《文物》一九九二年第十二期。

5　《中国美术分类全集·中国织绣服饰全集·刺绣卷》，图七五，天津人民美术出版社二〇〇四年。

图 40 《百花图·蜀葵》故宫藏

图 41 刺绣《秋葵蛱蝶图》台北故宫博物院藏

（图 41），也当是以绘画为粉本。晏殊《菩萨蛮》："秋花最是黄葵好，天然嫩态迎秋早。染得道家衣，淡妆梳洗时。／晓来清露滴，一一金盃侧。插向绿云鬟，便随王母仙。"同调咏黄蜀葵又有"人人尽道黄葵淡，侬家解说黄葵艳"，"摘承金盏酒，劝我千长寿"；"高梧叶下秋光晚，珍丛化出黄金盏"[1]。苏轼题赵昌黄葵图句云"低昂黄金杯，照耀初日光。檀心自成晕，翠叶森有芒"[2]；潘德久"一树黄葵金盏侧，劝人相对醉春风"[3]，都是以酒盏乃至酒事拟喻黄蜀葵，而绘画与诗词中的葵花，当是此际酒器造型的粉本之一。出自彭州窖藏的银鎏金葵花盏为一对，尺寸与重量两件微有不同。器肖黄蜀葵之形，盏心錾刻的花中花和中心凸起的花蕊均鎏金，盏口以及花瓣之间分别用缠枝石榴、缠枝莲花、缠枝菊花等做出装饰带。盏心的花中花应即表现秋葵之"檀心"[4]，花蕊高耸也正是秋葵的特征之一。安徽休宁南宋朱晞颜墓出土一件金葵花盏，高 4.8 厘米、口径 11 厘米。造型取式黄葵花，盏口以及花瓣之间又分别用折枝黄葵做出装饰带，盏心一朵花中花，中心花蕊特立，圈足底缘錾刻一周毯路纹[5]（图 42）。出自江苏金坛水北卫东连的金葵花盏两件，造型与纹样相同，唯其中一只尺寸稍小，花瓣六曲，每一曲各錾一种折枝花：牡丹、栀子、芙蓉、桃花、山茶、菊花，嫩枝摇风，群芳吐艳，借得金葵一朵，展就四时花信[6]（图 43）。哈尔滨市新香坊金代墓地出土银鎏金葵花

图 42　金葵花盏 安徽休宁南
宋朱晞颜墓出土

图 44　银鎏金葵花盏 哈尔滨
市新香坊金墓出土

图 43　金葵花盏 江苏金坛水北卫东连出土

盏与朱晞颜墓出土金盏相似，不过盏心的花中花上省却了高耸的花
蕊[7]（图 44）。

水仙

　　水仙中花开单瓣的一种，宋代俗称"金盏银台"，杨万里《千叶
水仙花》诗前小序曰"世以水仙为金盏银台，盖单叶者，其中真有一

1　《全宋词》，页 105。

2　《王伯扬所藏赵昌花四首·黄葵》。

3　宋陈景沂编《全芳备祖·前集》卷十四，农业出版社一九八二年影印本。

4　周密《武林旧事》卷七：淳熙五年二月初一日，"上过德寿宫起居，太上留坐冷泉堂，
　　饮酒赏乐，太上"宣索黄玉紫心葵花大盏"，亲自宣劝。此"紫心"当是巧用黄玉之俏
　　色而成，亦是形肖秋葵之"檀心"。

5　今藏安徽省博物馆，此为参观所见并摄影。

6　器藏金坛博物馆，此承馆方惠允观摩并拍照。

7　黑龙江省博物馆《哈尔滨新香坊墓地出土的金代文物》，图版二：3，《北方文物》二〇
　　〇七年第三期。按器藏黑龙江省博物馆，此系观展所摄。

图 45　水仙花

图 46　银水仙花台盏一副　安徽六安县花石咀一号墓出土

银水仙花台盏盏心

酒盏，深黄而金色"。这里的"单叶"，系指花瓣而言，即植物学中的所谓"花被"。单瓣水仙花开白色，花被六裂平展如承盘，中心托起鹅黄色的副花冠好似酒盏一般（图 45）。宋人咏水仙，以金盏银台为之传神，便最是现成。洪适《水仙》"龙宫陈酒器，金琖白银台"[1]；舒岳祥《赋水仙花》"似倚兰舟并桂楫，差称金盏共银台"[2]；赵长卿《惜奴娇·赋水仙花》"最是殷勤，捧出金盏银台笑拼了"；辛弃疾《贺新郎·赋水仙》"弦断招魂无人赋，但金杯的皪银台润"[3]，都是相同的拟喻。安徽六安县嵩寮岩花石咀一号墓出土银水仙花台盏一副[4]（图 46），承盘打作一枚六瓣花，中心是一个略略凸起的浅台，最小径 15 厘米；银盏圆口，高 4.5 厘米，口径 8.7 厘米。作为台盏一副，盏与承盘的造型和纹饰通常总是相互呼应的，而这一副却是以台、盏的不同造型而合成一朵水仙花。与此意匠相同者，又有播州土司杨价墓出土的一副金台盏，不过出土时金盏上面加了一个金盖子[5]（图 47）。前引《宋会要辑稿·蕃夷七》记孝宗淳熙五年三佛齐国进表，诸般贡物中又有"渗金劝杯连盖一副"，则讲究的饮器也或配有盖子。

荷花

按照早期的认识，人们眼中的一枝出水新荷，全身各个名件都各有称谓：其茎名茄，其叶名荷，花曰芙蕖，根名藕，实名莲，若再细分，则莲指莲房，莲子当名旳[6]。至于宋代，一般情境下区分已很少如此之细。

荷花荷叶也是兴起人意的花卉，夏日池塘，新绿照人，嫩红照眼，折一茎带露的荷叶拗作"碧筒"，以此荷香送酒，这早是前朝风流[7]。欧阳修有皇祐元年作于颍州的一首《答通判吕太博》，句云"千顷芙蕖盖水平，扬州太守旧多

图 47 金水仙花台盏一副 贵州遵义南宋播州土司杨价墓出土

情。画盆围处花光合，红袖传来酒令行"。其中"千顷""画盆""红袖"三句之下分别有诗人自注，合起来读，便为故事一则："邵伯荷花，四望极目。予尝采莲千朵，插入画盆，围绕坐席，又尝命坐客传花，人摘一叶，叶尽处饮，以为酒令。"吕太博即北宋名臣吕公著，时为颍州通判。邵伯是湖的名字，在扬州城北，大运河之东，今江苏江都县东北[8]。"扬州太守"，乃自指。日暄风暖，美酒娇花，如此妍媚的花事和酒事，又以诗作者之盛名，而使它成为传播很广的风雅故事[9]。

1　《全宋诗》，册三七，页 23495。

2　《全宋诗》，册六五，页 40991。

3　《全宋词》，册三，页 1811、1873。

4　安徽六安县文物工作组《安徽六安县花石咀古墓清理简报》，图版七：3（说明作"银杯与仰莲银托子"），《考古》一九八六年第十期。按器藏皖西博物馆，今定墓葬时代为元，不过出土器具多有宋物，比如这一副银台盏。此为参观所摄。

5　《贵州遵义市新蒲播州杨氏土司墓地》，图二六（页 97）。

6　陆玑《毛诗草木鸟兽虫鱼疏》卷上"有蒲与荷"条。

7　《酉阳杂俎·前集》卷七："历城北有使君林，魏正始中，郑公悫（当作愨）三伏之际，每率宾僚避暑于此。取大莲叶置砚格上，盛酒三升，以簪刺叶，令与柄通，屈茎上轮菌如象鼻，传吸之，名为碧筒杯。历下教之，言酒味杂莲气，香冷胜于水。"

8　王秋生《欧阳修苏轼颍州诗词详注辑评》于此诗背景与作意考校甚详（页 11 ~ 13），黄山书社二〇〇四年。

9　如叶梦得《石林避暑录话》卷上的一长段纪事。

图 48　玉荷叶杯 浙江衢州南宋史绳祖墓出土

图 49　景德镇窑荷叶盘盏一副 南海一号沉船遗物

图 50　银鎏金荷花盏 江苏溧阳平桥窖藏

图 51　银鎏金千叶莲花盏 江苏溧阳平桥窖藏

取式于荷叶荷花制为象生杯盏，自可在筵席间佐清欢、助燕喜。东坡诗有《和陶连雨独饮》二首，诗前一则小引，略云："吾谪海南，尽卖酒器，以供衣食，独有一荷叶杯，工制美妙，留以自娱，乃和渊明《连雨独饮》。"浙江衢州南宋史绳祖墓出土一件白玉荷叶杯[1]（图48），适可当得"工制美妙"之赞。南海一号沉船遗物中的景德镇窑荷叶盘盏成副[2]（图49），釉色漱润，气格清秀，可与玉杯并美。

　　"金荷"是屡见于两宋诗词中的物象，如李弥逊《感皇恩·学士生日》"一时分付与，金荷劝"；无名氏《水调歌头》"湖山风月，且与吟笑侧金荷"[3]；又杨万里"长亭更放金荷浅，后夜谁同璧月圆"[4]。金荷可以指荷叶杯，也可以指荷花杯盏，只是荷叶金杯至今尚未发现实物，但却有象生荷花盏可见，如溧阳平桥窖藏中式样不同的三只。其中两只尺寸与分量都很相近，应是一组。式样不同，似在于品种有

图 52　银鎏金荷花盏 江苏溧阳平桥窖藏　　　　银鎏金荷花盏内心

别。其一单瓣，内里细线錾出花瓣肌理和纤纤花蕊，花心七个水涡纹
仿若涓涓清露，见出它是新花初放，尚未结籽（图 50）。其一重瓣层叠，
花瓣之缘錾出因风内卷的样子而倍显娇柔，内心却不是花蕊也不是莲
蓬，而是一簇簇小花（图 51）。这里表现的该是千叶莲或曰重台莲，即
所谓"一花既开，从莲房内又生花，不结子"[5]。此外一只荷花盏却
是圆口，盏壁打作荷花瓣，内心是花蕊托起的莲蓬（图 52）。这一件尺
寸、重量特别是风格，与其他两件差别比较大，当不是同一组。它虽
然也可以概称"荷花盏"，但认真说来，还不能算作"荷花象生"。

　　莲花用作金银酒器的装饰纹样，自然就更多。衢州博物馆藏宋银
鎏金荷塘纹盘盏一副[6]（图 53），盘长 18 厘米，宽 14.5 厘米；盏长 9.8
厘米，宽 4.6 厘米。盘内底作为承盘标志的圆心里錾刻相向而开的两朵
折枝花，圆心之外的一周錾刻细密的水花以为涟漪，涟漪上面浮出八

1　衢州市文管会《浙江衢州市南宋墓出土器物》，页 1005，《考古》一九八三年第十一期。

2　今藏中国国家博物馆，此为观展所摄。

3　《全宋词》，册二，页 1060；册五，页 3794。

4　《中秋前两日别刘彦纯彭仲庄于白马山下》。

5　明王象晋《群芳谱》。又李时珍《本草纲目》卷三十三："其花白者香，红者艳，千叶
　　者不结实。"宋《全芳备祖》卷十一《荷花》一节引《华山记》曰"花山顶有池，池中
　　生千叶莲，服之通仙"。

6　衢州市博物馆《衢州文物精品》，页 11，西泠印社一九八八年。本篇照片为观展所摄。

新编
終朝采蓝
上

图 53　银鎏金荷塘纹盘盏一副
衢州市博物馆藏

图 54　鸳雀穿花银承盘　湖南临澧柏枝乡窖藏

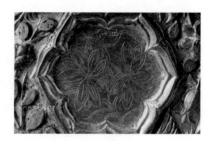

鸳雀穿花银承盘盘心

朵莲花和漾起的一圈圈水泡。盘上面坐一个与它纹样一致的椭圆形银鎏金夹层盏。台盏或盘盏一副，是盏与承盘的组合，施展设计才能的空间自然更大一点儿。

　　双莲或曰并头莲、并蒂莲，则是瑞象 [1]，常用于织绣图案，刘克庄咏双莲一首句云 "花如云锦翻新样，叶似宫袍染御香" [2]，是也。金银器便多以它为盘心、盏心的錾刻纹样，因势赋形把它图案化，其实每每是花开两枝而颠倒相并（图 54），却也有将心萦系 "双花双叶又双枝" 的娇盼温柔 [3]。

梅花

　　宋人爱花，梅花当居第一，不过它却是 "独向百花梦外，自一家春色" [4]。象生花、折枝花之外，装饰领域里 "自一家春色" 的流行纹

图 55　银鎏金梅梢月纹盏
福建邵武故县窖藏

图 56　银鎏金梅梢月纹盘

样莫过于梅梢月。诗词咏梅虽多水边月影孤寒清胜之境，如南宋高翥《冬日即事》"杖藜独立梅梢月，成就清寒到十分"[5]，然而饰以梅梢月的酒器，却不妨以它的姝秀清逸为筵席劝饮别添诗韵。前举南京江浦黄悦岭南宋张同之夫妇墓出土的梅梢月纹盘盂一副（见页 154 图 22），承盘和酒盂均以梅花为式。盘底在浅浅錾出水波纹的地子上打造水边横斜的一树新枝，梅枝之外留白，唯以轻云新月点缀其间。盘高 1.9 厘米，口径 14.6 厘米。银盂口沿加金钿，内心打造梅花一朵，壁间的五个花瓣内各錾折枝梅花。盂高 3.9 厘米，口径 9.5 厘米。福建邵武故县窖藏中的一副银鎏金盘盏也是同一类型（图 55、图 56）。"湿云不渡溪桥冷，蛾寒初破霜钩影。溪下水声长，一枝和月香"[6]，诗人咏梅的清词丽句适可为此器品题；"梅花能劝，花长好、愿公更健"[7]，梅边的谱曲，却又可作十分梅盏的送酒歌。

1　秦观《集瑞图序》。
2　题作《小圃有双莲、夏芙蓉之喜，文字祥也，各赋一诗，为宗族亲朋联名得隽之谶》。
3　宋无名氏《九张机》："九张机。双花双叶又双枝。薄情自古多离别，从头到底，将心系系，穿过一条丝。"宋曾慥辑《乐府雅词》卷上。
4　黄载《孤鸾·四明后圃，石峰之下，小池之上有梅花》，宋赵闻礼编《阳春白雪》卷六。
5　《全宋诗》，册五五，页 34128。
6　朱淑真《菩萨蛮·咏梅》，《朱淑真集注》（宋魏仲恭辑、郑元佐注），页 255，中华书局二〇〇八年。
7　姜夔《玉梅令》。词系为范成大宅南之圃范村中梅而作。

菱花

诗人咏菱，都是说菱角，连带而及采菱女、采菱歌、采菱船，于是绘出可闻其声的水乡风情。独独拈出菱角花来，却是不多。范成大《初秋间记园池草木五首》之二中有两样是水生植物，而都与酒有关："菱葩可范伯雅，蓼节偏宜麹生。""菱葩"一句自注曰："菱葩为酒杯，样最佳。"伯雅，即酒爵之大者，也可代指酒杯[1]。溧阳平桥窖藏中有花开四瓣的菱花象生盏一件，内壁八个弧曲分别錾刻菱花折枝（见页 174 图 60）。

长春 · 常春

长春，又或作常春；月月红也是它的名字。王安中《长春花口号》赞它道"四时俱好是长春"[2]。常春是宜入画图的花卉。范成大《题张

图 57 《百花图·长春花》故宫藏

希贤纸本花四首·常春》："染根得灵药，无时不春风。倚阑与挂壁，相伴岁寒中。"花名好听，花期久长，绘为祝寿图自然也很有文章可作。旧题杨婕妤的南宋《百花图》长卷，今存花卉与祥瑞数样，图旁各系诗赞，点明祝颂之意，长春花一幅题曰："花神底事脸潮霞，曾服东皇九转砂。颜色四时长不老，蓬莱风景属仙家。""精神天赋逞娇妍，染得轻红近日边。羡此奇葩长艳丽，仙家风景不论年。"（图 57）前举浙江桐乡骑塘龙吟金家木桥窖藏银盘盏一副（见页 152 图 17），银盘中间一个装饰框，框心錾一枝长春花，框外打作抱蕊缠枝的花朵一周，细银条做

成花蔓，与一个个花朵相牵系。银盏为夹层，外盏纹样与承盘相同，内盏满錾折枝花，唯因锈蚀而斑驳。

"十花"

几件花色不同却尺寸相当、风格一致的象生花式盏组合为一套，即为"十花盏"。宋徽宗《宣和宫词》："十花金盏劝宫娥，乘兴追欢酒量过。烛影四围深夜里，分明红玉醉颜酡。""十花金盏"之"十"，可以是实指，也可以是概指，范成大《菊谱》录有"十样菊"，说它"一本开花，形模各异，或多叶，或单叶，或大，或小，或如金铃。往往有六七色，以成数通名之曰十样"[3]。十花，自然也可以是六七色为一组而以成数通名之曰"十花"。前已多番举出出自溧阳平桥乡窖藏中的各式象生花银盏，现在不妨合起来看，于是可见花式盏七只，其中一只不属于"象生"之外（见页 169 图 52），当是一组六只。六盏大小、轻重约略相等，相异只在造型和装饰纹样，即盏口分别作成梅花、秋葵、菱花、栀子、荷花与千叶莲花（图 58 至图 63），盏心和内壁的每一曲都各依盏口花式不同而分别装饰相应的图案。邵武故县窖藏也有一组八只象生花式银盏，不过式样与溧阳不同，即八只银盏均为菱花口，却是盏心分别打作各不相同的折枝花：牡丹、菊花、山茶、栀子、海棠、芙蓉、蜀葵，花表鎏金（图 64）。折枝花，宋人又或称作"耍花儿"，

1　宋吴淑《事类赋注》卷十七《饮食部·酒》赋云"三雅既闻于刘表"，注："《典论》曰：刘表有酒爵三，大曰伯雅，次曰仲雅，小曰季雅。"

2　《蝶恋花·六花冬词》，"口号"系冠于咏花词前。《全宋词》，册二，页 748。

3　宋人关于"十样"的用法，北宋吴则礼《同王子和过张氏小园》一首也是一例。诗曰："永夏追凉得午阴，扶藜仍有小丛林。应怜老子腰脚健，可是禅房花木深。卷帘高竹供佳色，隐几黄鹂供好音。更遣惊人十样锦，并浇宿昔江湖心。""十样锦"句，自注云："张氏有定州变窑茶瓯，名十样锦。"此"变窑"，或指"窑变"；"十样锦"，似指以釉色幻异之不同而合成的茶瓯一套。

图 58　银鎏金梅花盏

图 59　银鎏金秋葵花盏

图 60　银鎏金菱花盏

图 61　银鎏金栀子花盏

图 62　银鎏金荷花盏

图 63　银鎏金千叶莲花盏

也是织绣中的流行纹样。宋无名氏《九张机》句有"三张机。中心有朵耍花儿。娇红嫩绿春明媚，君须早折，一枝浓艳，莫待过芳菲"[1]。

瓜果

桃、石榴、荔枝和瓜每凑在一起组成图案。桃固然最是寿筵中的宠物，但石榴、荔枝和瓜之类此际尚无后世的利用谐音以为吉语的俗趣。杨万里《尝桃》："金桃两钉照银杯，一是栽来一买来。香味比尝无两样，人情毕竟爱亲栽。"[2] 这里的意思很家常，银酒杯旁果盘里的桃子便只是为了尝鲜。前引《月下把杯图》和哈尔滨阿城区出土金代果盒盖面图案，果盘里放着的都是桃子（见页 146 图 4、页 144 图 3）。瓜则是夏日果盘中的丝丝清凉，刘子翚《致中惠瓜》"瓜畴暑雨乱花飞，美实蠲烦喜及时。薜并筠笼香发越，金刀玉手翠离披"；"珍重故人分少意，临风宛若对冰姿"[3]。若非特指，宋人言瓜，均指甜瓜，大同

图 64　银鎏金花式盏 福建邵武故县窖藏

市金代徐龟墓墓室西壁酒筵图中的果盘里就有两个甜瓜(见页 143 图 2)。与瓜同登夏日高饤的还有荔枝，而此际它已不具"红尘一骑妃子笑"的珍异色彩，苏颂《本草图经》"荔枝子"条曰：荔枝"生岭南及巴中，今泉、福、漳、嘉、蜀、渝、涪州、兴化军及二广州郡皆有之"，"百果流布之盛，皆不及此"。南宋都城所在，获取就更为便捷。《全芳备祖·后集》卷一《果部·荔枝》录刘攽诗曰："锦筵火齐堆金盘，五月甘浆破齿寒。南国已随朱夏热，北人犹指画图看。烟岚不续丹樱献，玉座空悲羯鼓残。相见任夸双蒂美，多情莫唱水晶丸。"关于石榴的赞诵则有"深着红蓝染暑裳，琢成纹玳敌秋霜。半含笑里清冰齿，忽

1　《乐府雅词》卷上。
2　《全芳备祖·后集》卷五《果部·桃》。
3　《全宋诗》，册三四，页 21416、21429（《全芳备祖·后集》卷八《果部·瓜》录此）。
　　又《致中惠瓜因成二绝句》之二："蔗浆溜溜香浮玉，苏水沉沉色弄金。那似甘瓜能破渴，一盘霜雪冱清襟。"页 21431。

图 65　银鎏金枝梗桃杯 江苏溧阳平桥窖藏　　　　银鎏金枝梗桃杯杯心

绽吟边古锦囊。雾縠作房珠作骨，水晶为醴玉为浆"[1]。

　　最富喜瑞之气的象生杯盏，是桃杯和瓜杯。《武林旧事》卷七：淳熙三年十月二十二日，今上皇帝会庆圣节，"太上以白玉桃杯赐上御酒云：学取老爹，年纪早早还京"。今上，即孝宗；太上，高宗也。孝宗诞辰为会庆节。又同书卷九云，绍兴二十一年十月，高宗幸清河郡王第，张俊进奉宝器若干，中有"玉枝梗瓜杯一，玉瓜杯一"。而诗人笔下的奉觞情景，则是新花鲜果与人宜的一幅祝寿图。晁补之《梁州令·永嘉郡君生日》句云"东君故遣春来缓，似会人深愿。蟠桃新镂双盏，相期似此春长远"[2]。永嘉郡君，补之之妻，户部侍郎杜纯之女。这一年诗人为妻子写下的贺寿词凡五阕，五阕合看，可知寿筵是在早春二月，设于作者乡居之南园。其时"露桃云杏，已绽碧呈红"，因对花畅饮，满斟"金锺"，"金锺"里的一双，便是"蟠桃新镂"。此是北宋故事，而南宋依然。溧阳平桥窖藏中的一只银鎏金枝梗桃杯，是一剖为半的蟠桃象生，用作杯柄的折枝錾出树脉的纹理，桃叶鲜嫩，轻轻软软扶在杯沿，杯心打作"寿比蟠桃"四字吉语，字表鎏金（图 65）。福建泰宁南宋银器窖藏有式样相类的一只，杯心打作"寿比仙桃"。窖藏中尚有另一只桃杯铭曰"福如东海"[3]，那么刚好是"蟠

图 66　玉枝梗桃杯
江苏无锡元钱裕墓出土

图 67　银鎏金果盘
江苏溧阳平桥窖藏

图 68　银鎏金果盘
福建泰宁窖藏

桃新镂双盏"。玉桃杯实例，有出土于无锡市元钱裕墓的一件[4]（图
66），两类材质不同的桃杯，造型却是一致的。福州茶园山许峻墓出
土一件银鎏金枝梗瓜杯，彭州窖藏中有金瓜杯一只。

　　前节提到，筵席中尚有放置高饤和时令鲜果的器具，前者或置于
高足盘，多作为摆设，时有"高饤""看果"之称[5]，后者每置于平浅
的矮足盘。果盘装饰纹样的选用也或与席间常见的果品颇有关联。溧
阳平桥银器窖藏中的一件银盘，腹深 1.4 厘米、口径 16.5 厘米，盘心
打造出仿若浮雕的瓜、桃和石榴，又以荔枝点缀其间（图 67）。与它尺寸、
纹样十分相近的一例，有出自福建泰宁窖藏中的一件（图 68）。而两处
窖藏酒器的类型和式样也多很相似，可见时风。

1　杨万里《石榴》，《全芳备祖·后集》卷六《果部·石榴》。
2　《晁氏琴趣外篇》（刘乃昌等校注），上海古籍出版社一九九一年。
3　李建军《福建泰宁窖藏银器》，页 69，《文物》二〇〇〇年第七期。文曰："据了解，一
　　起出土的还有'福如东海'桃杯一件，但遗失无法追回。"
4　今藏无锡博物院，此为参观所见并摄影。
5　张师正《倦游杂录》："木馒头，京师亦有之，谓之无花果。状类小梨，中空。既熟，色
　　微红，味颇甘酸，食之大发瘴，岭南犹多，州郡待客，多取为茶床高饤，故云：公筵多
　　饤木馒头。"又《梦粱录》卷三：四月，度宗初九日圣节，"翰林司排办供御茶床，上珠
　　花看果"。

图 69　银錾栀子花果菜碟　银錾木槿花果菜碟　银錾芙蓉花果菜碟
湖南临澧柏枝乡窖藏

图 70　银果菜碟　江苏溧阳平桥窖藏

宋代花鸟画一面为各式金银象生花盏提供了造型粉本，一面也为用于平面装饰的錾刻纹样提供了参考图式。譬若果菜碟，内底心即每每錾刻精细的花鸟图案。湖南临澧柏枝乡窖藏中有錾花银碟一组十枚，口径在 15 至 16 厘米之间。盘心各錾团窠式折枝花：牡丹、芍药、菊花、莲花、一把莲、茶花、木芙蓉、木槿、栀子、菱花（图69）。溧阳平桥窖藏有与此类似而尺寸较小的一组九枚，器高 1.2 厘米、口径 8.4 厘米，内心分别錾刻折枝花（图70）。分别出自江西星子县陆家山窖藏和四川德阳清真寺窖藏的六枚银果菜碟，造型均为花口折沿。星子县陆家山窖藏中的三枚，高 1.2 厘米，口径 14.2 厘米，折沿上边是锥点缠枝卷草，内底心錾刻莲塘鸳鸯者一、莲塘仙鹤者一，又一枚是练鹊聚八仙（图71）。虽是图案化的花丛锦阵，却以线条之流利飞动而绘出荷花荷叶水底天的丽景鲜媚。出自德阳窖藏的三枚，银碟折沿上边是一周俯仰相向的缠枝花卉：荷叶、荷花、莲蓬、慈姑叶，内底心双钩的六出花画框里分别錾刻景色不同的池塘小景（图72）。春洲细草，岸柳拂水，写意式的简笔，而可闻暖浮晴色中的禽语绵蛮。参照宋画名称以及宋人题

图 71

图 71

银果菜碟（莲塘鸳鸯图）江西星子县陆家山窖藏

图 72

银果菜碟（蓼汀浴凫图）四川德阳孝泉镇清真寺窖藏

银果菜碟（莲塘仙鹤图）

银果菜碟（柳溪春水图）

银果菜碟（练鹊聚八仙图）

银果菜碟（荷塘嬉禽图）

画诗[1]，或可依次名作：蓼汀浴凫图、柳溪春水图、荷塘嬉禽图。

仿古纹及其他

仿先秦礼器或曰仿古式造型，以金银花瓶取用为多，饮器中的仿古式常常是夹层杯盏，这是宋代发展出来的新器型，岳珂《桯史》卷八"紫宸廊食"条"爵以银而厚其唇为之"，应即此类。杯或盏制为夹层，自是"厚其唇"的方法之一，如此可以显得质重而古雅，虽然它并没有如同先秦礼器一样的厚重。所谓"爵"，在此当是仿古式酒杯的概指。仿古造型多取簋式，亦即宋人之所谓"彝"。溧阳平桥南宋银器窖藏中有银鎏金盘盏两副，其一杯身打作乳钉纹，便是赵九成《续考古图》卷一"父乙虎彝"一则所云"方文圆乳"，外杯下腹装饰一周内錾祥云的莲瓣纹，杯耳和圈足均系另外打制然后接焊（图73）。

窖藏中的另一副银鎏金四曲花口盘盏，纹样却是融合古今。盏同样为夹层，造型取用与盘一致的四曲花口，内盏盏心錾刻狮子戏毬。外盏以一周莲瓣纹托底，四曲的卷云纹地子上分别打造五个乳钉，其外一周毬路纹与盏心的狮子戏毬内外呼应。银盘盘心作为承盘标识的装饰框内錾一对折枝牡丹，框外卷云纹的地子上打作双狮戏毬，纹样部分均鎏金（图74）。与它相似的有福建泰宁宋代银器窖藏所出银鎏金八方盘盏一副[2]（图75）。狮子所戏之毬，宋人名作转官毬，德安南宋咸淳十年墓出土银鎏金转官毬帔坠，便是以它作为主题纹饰（图76）。

龟与鹤与鹿，是宋人寿词中最常用到的意象。向子諲《浣溪沙·老

1　如舒岳祥《题赵大年小景》："三株五株依岸柳，一只两只钓鱼船。水天鸭鸭斜飞去，细草平沙兴渺然。"《题周梅所藏小景画卷》："小鸭鸦乌烟柳坡，鸡鹍属玉满晴莎。惠崇不作大年死，惆怅江湖春水多。"《全宋诗》，册六五，页41021。

2　《福建泰宁窖藏银器》，页66，图三、图四。

图 73　银鎏金盘盏一副
江苏溧阳平桥窖藏

图 74　银鎏金盘盏一副　　　　银鎏金盏盏心　　　　银鎏金承盘
江苏溧阳平桥窖藏

图 75　银鎏金八方盏　　　　银鎏金八方盏盏心　　　　银鎏金承盘
福建泰宁宋代银器窖藏

图 76　银鎏金转官毬帔坠
江西德安南宋咸淳十年墓出土

妻生日》"叶上灵龟来瑞世，林间白鹤舞胎仙"[1]；刘过《上益公十绝为寿》中有三首分别题作《宝龟》《玄鹤》《寿鹿》。《宝龟》一首有"巢成荷上窥仙景"之句[2]，此即"叶上灵龟来瑞世"也，而龟游莲叶原是自唐以来即广泛流行的传统纹样，久被视作储福纳吉的祥瑞图，又是风行于宋代的祝寿之瑞象。《宣和睿览册》中绘有"巢莲之龟"，所谓"龟游绿藻，鹤舞青松"[3]，也是寿词中常见的语汇，它因此大量用于宋金时期的各种装饰工艺。北京市丰台区王佐乡金代乌古论窝论墓出土一对龟游莲叶玉饰[4]（图77），上海博物馆藏宋代龟游莲叶玉饰一枚，后者是布满莲花莲叶和慈姑叶的一个莲塘小景，水面一只翔舞之鹤，覆莲上边一只口衔灵芝的龟[5]（图78）。以上都是取景于自然。南宋刘辰翁《法驾导引·寿城山》句云"床下玉灵头戴九，手中铜叶锦添花，乞汝作飞霞"，句下自注："城山以石龟为寿，铜荷叶盛之。"[6]如此，却是由自然取意而成就于人工了。上海闵行区梅陇乡朱行镇南宋张�墓出土一件砖刻插屏[7]（图79），屏面翠柏祥云间立着手抚如意的道人，身旁道童手捧一枚大荷叶，荷叶里卧一只龟。插屏背面六个大字："石若烂，人来换。"插屏原是位于墓主人坐像的后边。这是天师道系统葬俗影响下营建的寿冢，墓主人像便是用于代人的石真[8]。插屏屏面图案中的"龟游莲叶"，正是以龟为寿，荷叶盛之，乃长生多寿之祈福也，与"石若烂，人来换"相与呼应。作为早已程式化的祥瑞纹样，龟游莲叶或是自成单元的独立装饰，或与其他纹样搭配组合，而不论为主为辅，设计者总能撷自然之生趣而做成和朗之淑景，以见出所谓"万物皆天地之委和，而瑞物者又至和之所委也"[9]。湖北蕲春罗州城南宋金器窖藏中有一对盆莲小景儿金耳环，耳环不计金脚通长不过六厘米，却是莲塘意象的荟萃。占据中间位置的是一个莲盆，一枚龟游莲叶贴在莲盆外面（图80）。溧阳平桥窖藏中的一件龟游莲叶鱼藻纹银盘，平底、宽沿，口径17厘米。浅腹壁上一周莲瓣，莲心里一泓清波，小小的浮萍和莲

图 77　金代龟游莲叶玉饰　北京市丰
台区王佐乡乌古论窝论墓出土

图 78　宋代龟游莲叶玉饰　上海博物馆藏

图 79　砖刻插屏　上海闵行区南宋张珵墓出土

1　《全宋词》，册二，页 960。

2　《全宋诗》，册五一，页 31855。

3　无名氏《八声甘州·寿国太夫人》，《全宋词》，册五，页 3761。

4　今藏首都博物馆，此为观展所摄。

5　此为参观所见并摄影。

6　《全宋词》，册五，页 3235。

7　上海文物管理委员会《上海考古精粹》，图三八，上海人民美术出版社二〇〇六年。

8　张勋燎等《中国道教考古》第五册《墓葬出土道教代人的"木人"和"石真"》，页
1415，线装书局二〇〇六年。

9　秦观《集瑞图序》。

图 80　盆莲小景儿金耳环
湖北蕲春罗州城窖藏出土

图 81　龟游莲叶鱼藻纹银盘 江苏溧阳平桥窖藏

花回漾于涟漪，鲤鱼四尾逐花嬉游。中心铺展脉理清晰的一枚覆水莲叶，叶心一只卧龟（图81）。两物小大悬殊，纹样设计却是同风。

　　翔鸾舞凤也是宋代装饰纹样中的流行式，所谓"翔鸾妆样，粲花衫绣"[1]，妆点佳人最宜。金银制品则多用于簪钗、奁匣、果盒，如四川德阳孝泉镇清真寺窖藏中的一个银鎏金奁匣（图82）。此外的流行纹样尚有教子升天[2]，浙江东阳宋墓、贵州遵义杨价墓、四川彭州窖藏、湖南临澧柏枝乡窖藏，均有其例。杨价墓教子升天金杯盘一副，出自女棺。杯与盘俱制作极精。杯系夹层，外层以水波纹为地子，两螭绕杯腾跃于上，螭首分别探出杯口以成杯柄。螭身原是另外打制成形然后焊接于杯壁，螭头再以片材打制成形焊于杯颈，浓眉大眼，一对圆圆的耳朵细錾螺旋纹，超长的独角向后披垂，神态生动如两螭对望。杯口一周香印纹。圈足系接焊，上方錾了一周如意云，下方为鱼鳞旗脚。金盘同样以海浪纹为地子，盘心浪高接天化作云气，双螭盘旋于水波间，螭尾宛转于浪尖如缠枝卷草，螭口互衔螭尾作嬉戏状。螭首眉心处一个博山，上錾一个王字（图83）。

图82　银鎏金奁匣　四川德阳孝泉镇清真寺窖藏　　　　图83　教子升天金杯盘一副　贵州遵义南宋播州
　　　　　　　　　　　　　　　　　　　　　　　　　　　　　土司杨价墓出土

　　两宋金银器以人物图为饰的实例不多，前面举出陕西历史博物馆藏金菊卮一件，浙江义乌柳青乡游览亭村宋代窖藏"陈官人宅用"金花银台盏七副，则是风仪峻整的一组。又邵武故县窖藏有银鎏金魁星盘盏一副也是精好之例，相关讨论，见本书《工艺品中的人物故事图》。

三　余论

　　两宋金银器的考古发现，属于窖藏者，以单件数量论远多于墓葬。作为随葬品，出自墓室的金银器常常是各类中分外精好的几件，大约总是主人生前所爱。出自窖藏者，则多是大致完整的一席馔器。它有可能属于私家，也有可能属于公库。

1　李箫远《青玉案》，《乐府雅词》卷下。
2　相关考述，见《奢华之色：宋元明金银器研究》卷三；本篇图82、图83均为笔者观展所摄。

宋代宫廷所需金银器用，多由文思院打造[1]，打造成器，须经看验，再进呈交纳[2]。文思院的工匠系招募有家业及一定财力者，南宋时还要"临安府元籍定有物力金银铺户二名委保"[3]。禁中金器制作所用应该都是上色金，包括赏赐近臣之物[4]。至于宋代金银器与花与歌与酒相互依傍的使用情景，已如上述。

宋室南渡，用金帛和屈辱换来的一隅偏安，虽然付出的代价很是惨痛[5]，并且安乐富足既不平衡，又时断时续，但与政治史并行交错的南宋日常生活史依然别有它的鲜丽，且始终得以文化之盛而为他者所仿效，因此就目前所见者而言，金银器的地域性并不特别显著。

欧阳修有作于熙宁四年的《采桑子》十一阕，系咏颍州风物，道是"天容水色西湖好，云物俱鲜。鸥鹭闲眠。应惯寻常听管弦"（八）；"画船载酒西湖好，急管繁弦。玉盏催传，稳泛平波任醉眠"（三）；"画船撑入花深处，香泛金卮。烟雨微微，一片笙歌醉里归"（七）[6]。虽是北宋风景，却不妨概括两宋之歌酒风流。当然"中兴复古"之音也始终缭绕于南宋的政治旋律，然而时盛时衰，或显或隐，却未如"急管繁弦""香泛金卮"是恒常。如此之诗心词魂每每系诸"文物"，便是蕴含了各种文化信息的物质遗存，金银器自是这"文物"中分外耀眼的部分。彭州、德阳、溧阳、邵武等窖藏金银器，可据以复原当日一个中小规模的宴集。南京张同之夫妇墓、衢州史绳祖夫妇墓、福州许峻夫妇墓出土物，可据以绘制南宋"才子佳人"家居生活的一角图景。德安周氏墓显示了大家闺秀日常用器之灿然，南宋端午风物之俊丽，墓中出土珠囊钗符可证也。由遵义杨价夫妇墓出土物则可见称雄西南的播州土司豪奢与江南同步。总之，金银器的制作与使用，是南宋社会富庶繁华之一面的重要标志之一，它的造型与纹饰得意于时尚又引领着时尚，以此在很是商业化而又时时浸润诗思的时尚消费中散射魅力。那么凝结于其中的文心文事，今之南宋揽胜实不可轻轻放过也。

[附记]

　　本文讨论的金银器实例，多为亲见，因此特别感谢各地博物馆与考古所的支持与信任而给予的观摩之便，它们是（以前往时间为序）：江西省博物馆、镇江博物馆、邵武博物馆、东阳博物馆、桐乡博物馆、金坛博物馆、贵州省文物考古研究所、蕲春博物馆、德安博物馆。

1　《宋会要辑稿·职官二七》"文思院"："《四朝志》及《会要》：太平兴国三年置，掌造金银犀玉工巧之物，金彩缯素装钿之饰，以供舆辇、册宝、法物及凡器服之用，隶少府监。"册六，页3737。

2　《宋会要辑稿·职官二九》"文思院"：真宗咸平三年三月，诏："文思院打造内中金银器物，并送内东门司看验，交纳三司。所造金银，令左藏库别将一两赴三司封记为样。每料内凿一只年月、工匠、秤子姓名、色号，赴三司定样，进呈交纳。其支赐金银、腰束带、器物，类定金分厘秤比。所管工匠，委监官点检，趁逐功课，不得辄借影占，违者许人陈告。"册六，页3781。

3　《宋会要辑稿·职官二九》"文思院"：孝宗淳熙九年，将作监条具措置文思院革弊事项，其中一项道："文思院上界打造金银器皿，自来止凭作家和雇百姓作匠，承揽掌管金银等，拘辖人匠造作，以致作弊。今乞将合用打作作头等，令本院召募有家业及五百贯以上人充。仍召临安府元籍定有物力金银铺户二名委保。如有作过人，令保人均赔。"册六，页3785。

4　《宋会要辑稿·礼六二》，真宗景德三年九月，"诏：三司请给左藏次色金造带，以备赐近臣。国家宠待俊髦，务存优异，惜费敦俭，岂在并斯？自今并以上色金造"。册四，页2129。

5　《齐东野语》卷十二"淳绍岁币"条一段很长的叙事，读之教人感慨万端，仅节录数语如下："绍兴岁币，银二十万两，绢二十万匹。……又贴耗银二千四百余两，每岁例增添银二百余两，并淮东漕司管认。……艰苦不可具道也。……若正旦、生朝遣使，每次礼物金器一千两，银器一万两，彩段一千匹。……若外遣泛使，则其礼物等又皆倍之。又有起发副使土物之费。又有朝辞回程宣赐等费。……时聘使往来，旁午于道。凡过盱眙，例游第一山，酌玻璃泉，题诗石壁，以记岁月，遂成故事，镌刻题名几满。绍熙癸丑，国信使郑汝谐一诗云：忍耻包羞事北庭，奚奴得意管逢迎。燕山有石无人勒，却向都梁记姓名。可谓知言矣。噫，开边之用固无穷，而和戎之费亦不易，余因详书之。"

6　《欧阳修苏轼颍州诗词详注辑评》，页251。

双鬟风裛莲花：

蕲春罗州城遗址南宋金器窖藏观摩记

　　湖北蕲春罗州城遗址南宋金器窖藏发现于一九八五年，原是全部装在一个四系陶罐里，距地表不到两米。内中各类金饰以及金牌、金箔近五十件，总重三百八十余克。主其事者曾在《考古》和《江汉考古》先后刊发简报[1]，此后窖藏文物又分别参加了"荆楚英华：湖北全省博物馆藏文物精品联展"与"金色中国：中国古代金器大展"，并均出版同名图录。不过这一批金饰的尺寸大多偏小，无论书刊登载的照片还是博物馆里的展陈，都难以教人认清细节。乙未初夏，承蒙蕲春博物馆雅爱，惠允观摩实物并以绍介其精华为嘱，始得细审究竟。今且按照我的认识和理解，一一为之命名并讨论与名称相应的纹样。

　　窖藏金饰保存大体完好者，计有金花筒簪六支，金缠丝钗两对；凤衔瓜果金步摇一支；缠枝花纹金钳镯一副；金耳环一副、金竹节耳环一副、金凤耳环一副、金荔枝耳环两副，金累丝瓶莲耳环、金蜂赶花耳环、瓶莲鸳鸯金耳环、盆莲小景儿金耳环各一副。这里的簪钗、手镯、耳环，自是宋代金银首饰的主要品类，金饰的造型与纹样也是当日所流行，其中的花筒（图1）、缠丝（图2）、鸾鸟、草虫、缠枝花卉和瓜果，亦复如是。唯因取用的金材成色足，保存状况良好而灿然如新，更以意匠独具与做工精妙而崭然出群。

　　金步摇一支，是宋代步摇的典型式样，如江西永新北宋刘沆墓出土银镶水晶步摇[2]，如四川阆中市双龙镇宋墓出土一对金步摇[3]（图3）。这一类步摇的造型与纹饰均遥承唐五代花树钗，不过制作工艺和气韵

1　蕲春县李时珍墓文物保管所《湖北蕲春县罗州城村发现宋代金首饰》，页1051～1052，《考古》一九八七年第十一期；段涛涛等《湖北省蕲春县博物馆馆藏宋代金器》，《江汉考古》二○一○年第二期。

2　江西省文物管理委员会《江西永新北宋刘沆墓发掘报告》，图版五：11（图版说明称作"水晶饰"），《考古》一九九四年第十一期。

3　《中国金银玻璃珐琅器全集·金银器》第二卷，图二五二，河北美术出版社二○○四年。

图 1　有"王七郎铺记"字样的金花筒簪 蕲春罗州城窖藏

图 2　有"马一郎记"字样的金缠丝钗
蕲春罗州城窖藏

图 3　金步摇 四川阆中市双龙镇宋墓出土

图 4　凤衔瓜果金步摇 蕲春罗州城窖藏

风格已然不同。出自罗州城的这一支，以钗头龙首推送出一只舞凤，凤口衔了一长串花果枝，枝条顺风飘向龙口，成为托起凤凰的一朵云。鲜桃、石榴、荔枝、甜瓜和橘子，依次缀满柔条。金龙呼吸吐纳，金凤凭高蹋云，播撒的总要是世间丰足（图4）。钗脚铭曰"十赤金"，固然是标明成色，却也像是特地要与纹样寓意并美。此式步摇的插戴，见于宋代墓室壁画，也见于传世绘画。

　　钳镯为两宋通行的金银腕钏之一，它是唐代发展起来的一种传统样式，便是做成中间宽，而向开口处的两端收窄乃至收细的一枚扁片，近端处或细丝缠绕或外翻打卷以为收束，且趁势成为简单的装饰，辽陈国公主墓出土双龙纹和折枝花纹金镯各一对，式样似已开启宋风[1]。两宋钳镯大致可别作两种类型：一为宽式，一为窄式。宽式通常在镯面打作两道或两道以上的弦纹，窄式则否。江西彭泽易氏夫人墓出土一对银钳镯，中间的一道弦纹把镯面两分，一半錾刻缠枝瓜果，一半光素无纹，收细的两端做出螺旋纹以仿缠绕之意，镯内里有"官"字铭[2]（图5）。湖南临澧柏枝乡南宋窖藏有与它式样相似的五件银镯，不过是展开放置，其中四件镌有工匠姓名[3]（图6）。罗州城窖藏中的一副金钳镯是中腰不作分隔的窄式，也是展开放置的样子。一只在砂地子上打作缠枝芙蓉，一只打作栀子花，两边的细窄处，均打作鱼鳞旗脚，末端以几道弦纹作收（图7）。宋人词曰"约腕金环重，宜装饰"，又道"枣花金钏约柔荑"（秦观《促拍满路花》《江城子》），是玉臂约金镯，百花烂然为时尚也。

罗州城窖藏金饰以耳环为多，式样常见的几副如竹节、荔枝之外，余者都特别见出巧思。一副金凤耳环，便像是"钗头凤"的缩微和移植。它的制作用材极俭（重 3.5 克），工艺也不复杂，不过一枚金片为主体，制成鼓起的一双翅膀和卷扬的尾羽，背面另取金材打作凤身，一端弯到正面成为凤首，一端折向后方做成耳环脚，凤身细施毛雕。图案化的

图 5　银钳镯　江西彭泽易氏夫人墓出土

图 6　银缠钏　湖南临澧柏枝乡南宋窖藏

图 7　缠枝花纹金钳镯　湖北蕲春罗州城遗址窖藏

1　中国历史博物馆等《契丹王朝——内蒙古辽代文物精华》，页 140 ~ 141，中国藏学出版社二〇〇二年。

2　彭适凡等《江西发现几座北宋纪年墓》，页 29，图版四:7，《文物》一九八〇年第五期。本书照片承江西省博物馆提供。

3　《湖南宋元窖藏金银器发现与研究》（扬之水、陈建明主编），图三四至三七，文物出版社二〇〇九年。

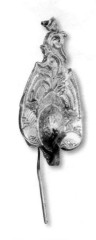

图 8　金凤耳环
湖北蕲春罗州城窖藏

金凤耳环与瓜果坠儿

造型，却是凭了锤鍱之工成就体态翩然的"有凤来仪"。凤口复又衔了一串分别用一个个小环穿起来的瓜果坠儿：翠叶捧出的石榴和瓜，成双的荔枝和桃子[1]（图 8）。而以瓶花为题材的几副，尤见精巧。耳环均成色佳好，不过质料都很轻薄，长短大小多不及一指。比如瓶莲鸳鸯金耳环一副，各重 3.3 克。花瓶造型取了宝瓶的样式，即以丝帛结颈而长带飘垂，瓶身四道弦纹分隔装饰带，上部是用锥点装饰出来的三道缠枝卷草，下部打出一周仰莲，瓶颈飘垂下来的长带分别在仰莲的两边向外卷作圆环，圆环里各一个鱼坠。花瓶的圈足下边又悬了一个小环，环里一朵并蒂莲，并蒂莲下系一个比翼鸳鸯坠，鸳鸯脚下缀流苏，花瓶里疏蕊纤枝，是夏日莲塘的一角清景（图 9）。又有盆莲小景儿金耳环一副，各重 3.5 克。耳环不计金脚通长不及两寸，却是莲塘景致众多意象的荟萃。占据中间位置的方盆里耸出一柄莲花，莲叶和慈姑叶两厢簇拥，莲花心内探出一根金丝，其端一只须翅毕现的小蜻蜓轻轻落在慈姑叶上。一枚龟游莲叶贴在方盆外面，莲叶的上缘一双唇吻相对的鸳鸯，莲叶下方的一对金环各一个鱼坠（图 10）。作为耳环纹样，这里盆莲之外的诸般小景也都各有名目。莲花、莲叶、慈姑叶和蜻蜓，是南宋流行纹样满池娇中的构图元素，南宋诗人舒岳祥有《金线草》一首，句云"袅袅蜻蜓菡萏枝"，其下自注："旧时都下花工……作小荷叶，名满池娇，则缀以蜻蜓、茄叶之类浮动其上。"[2]龟游莲叶，则是唐以来即广泛流行的传统纹样，久被视作储福纳吉的祥瑞图，又是风行

图 9　瓶莲鸳鸯金耳环
湖北蕲春罗州城遗址窖藏

图 10　盆莲小景儿金耳环
湖北蕲春罗州城窖藏

于宋代的祝寿之瑞象。《宣和睿览册》中绘有"巢莲之龟"，所谓"龟游绿藻，鹤舞青松"[3]，也是寿词中常见的语汇，它因此大量用于当日的各种装饰工艺，诸如玉饰件（见页 183 图 77、图 78），金银与陶瓷杯盘[4]，等等。妙手与诗心攒造出来的耳环，正是会聚时尚的一叶金饰小品，鲜灵，工巧，几分入世的俗气愈使它讨人欢心。

一副金累丝瓶莲耳环，特以攒焊工艺之精而见胜，它把金材剪作若干细窄的长条，然后用此数枚攒焊出一个四棱花瓶，瓶身四面分别装饰三卷如意头，花瓶两侧各缀一对双环耳，再以素金片做成花瓶的底足。花瓶里插一束金条攒焊的并蒂莲和两枝桃花。组成花瓶和花朵的边框均满布粟粒一般的连珠纹（图 11）。双环耳的四棱瓶，原是当日引领风雅的仿古式花瓶，可见其意匠不俗。耳环构图繁丽精微，以剔透玲珑而别逞秀逸，一副却只有几克重。

花朵为纹饰，宋金时期的金银耳环中最常见。金片一枚打作菊花一朵，然后把花朵对折，使之相抱如弯月，再与实心的耳环脚相接，此

1　按两串金坠儿出土时是单独的两件，王宣艳君认为金坠儿应是耳环风口所衔缀饰，今因将之拼对在一起。
2　《全宋诗》，册六五，页 41000。
3　无名氏《八声甘州·寿国太夫人》，《全宋词》，册五，页 3761。
4　相关考证见扬之水《奢华之色：宋元明金银器研究》卷三，中华书局二○一一年。

图 11　金累丝瓶莲耳环 蕲春罗州城窖藏　　　图 12　金菊花耳环 浙江建德大洋镇下王村宋墓出土

为式样之一，如浙江建德大洋镇下王村宋墓出土一副金菊花耳环[1]（图 12）。又或是绽开的一朵在上，下以圆环悬了同样的一朵做成坠儿，此为式样之又一，如湖州三天门南宋墓出土金梅花带坠儿耳环一副[2]（图 13）。罗州城窖藏中的金蜂赶花耳环，难得又从诸般流行纹样中翻出新意，即把花朵下边摇荡的耳环坠儿做成一只赶花的金蜂儿（图 14）。"菖蒲叶叶知多少，唯有个、蜂儿妙。雨晴红粉齐开了。露一点、娇黄小。/ 早是被、晓风力暴。更春共、斜阳俱老。怎得香香深处，作个蜂儿抱。"（秦观《迎春乐》）"露一点、娇黄小"，恰是赶花蜂儿的一幅写真，歌席酒会中的艳词，或也汇入时风而催生新样。出之以锤錾的"一点娇黄"，娉婷粉粘，纤芥俱妙，似借得歌词的传神和绘笔的工细。两只耳环各重 1.9 克。

宋代耳环常常取用的"象生"，更有瓜果，其中又以荔枝为多，如分别出自常德桃源三阳港镇株木桥村万家嘴宋砖室墓和镇江大港一三五工地的金荔枝耳环[3]（图 15、图 16）。荔枝耳环的造型，也许会有绘画中的小品作为粉本或参考图式，对照上海博物馆藏南宋册页《荔枝图》，或可同当日的工匠相与会心。至于制作方法，则大体相同，

图 13　金梅花带坠儿耳环　浙江湖州三天门　　　图 14　金蜂赶花耳环　湖北蕲春罗州城窖藏出土
南宋墓出土

即以耳环脚为主干，串联起分别打作成形的翠叶和荔枝，荔枝通常是一对。罗州城窖藏中的金荔枝耳环两副，也是如此（图 17）。无名氏《南乡子·咏双荔支》："深结花工知。赐与衣裳尽是绯。曾向玉盘深处见，限随。两个心肠一片儿。／从小便相依。酒伴歌筵不暂离。只恐被人分擘破，东西。怎得团圆似旧时。"[4] 双关语传出的旖旎情思，好教人得知鬟边限随的一对儿竟也是两同心的呈瑞。

　　花卉和瓶花原是两宋诗词中常见的意象，后者不仅是宋代士人砚边枕畔的逸友，且每于乡野驿站点缀清奇。"客子泥涂正可怜，天香国色一枝鲜"，这是新丰坊的瓶中牡丹；而路旁野店也有"青瓷瓶插紫薇花"之淑秀[5]。《诚斋集》中的信手拈来之句，即可见风味。人与

1　北京大学中国考古学研究中心等《浙江建德市大洋镇下王村宋墓发掘简报》，封二：5，
　　《考古与文物》二〇〇八年第四期。

2　浙江省博物馆《梦粱物鉴：浙藏南宋文物珍品展》，页 19，香港文汇出版社二〇一一年。

3　《湖南宋元窖藏金银器发现与研究》，页 325；镇江博物馆《镇江出土金银器》，图一一六，
　　文物出版社二〇一二年。

4　《全宋词》，册五，页 3658。

5　杨万里《宿新丰坊，咏瓶中牡丹，因怀故园》（此系诗人绍熙三年春自建康向徽州途中
　　所作）；《道旁店》，辛更儒《杨万里集笺校》，页 1736、1663，中华书局二〇〇七年。

图 15　金荔枝耳环　湖南常德桃源三阳港宋墓出土

图 16　金荔枝耳环　江苏镇江大港一三五工地出土

图 17　金荔枝耳环　湖北蕲春罗州城窖藏出土

图 18　银鎏金环耳瓜棱瓶顶锥脚簪　江西德安桃源山南
宋周氏墓出土

图 19　银胆瓶簪　湖南临澧柏枝乡南宋窖藏

图 20　金裹银花筒钗　四川德阳清真寺南宋窖藏

瓶花相依偎，正是宋人词中、诗中随处可见的隽雅风流。它也是闺阁
中人寄顿诗思的清物。朱淑真《绛都春·梅》"独倚栏杆黄昏后，月
笼疏影横斜照。更莫待、笛声吹老。便须折取归来，胆瓶插了"[1]。
摇曳在女儿衣衫上的画罗领抹，也或有"盆莲小景儿"一幅幅，且看
无名氏《阮郎归》咏端午中的俊句，——"及妆时结薄衫儿"，"画罗
领抹襕裙儿，盆莲小景儿"，"绣帘妆罢出来时，问人宜不宜"[2]。流
风所及，女儿头上的插戴，便多是金银妆点出来的庭园秀色和窗边的
丽影流光。江西德安桃源山南宋周氏墓出土一支银鎏金环耳瓜棱瓶顶
锥脚簪[3]（图 18），湖南临澧柏枝乡南宋窖藏中的一支银簪，簪顶一个
小小的胆瓶[4]（图 19）。以四时花卉为纹饰的花筒、并头花筒[5]（图 20）、
并连式花筒簪钗风行于宋乃至于元，愈使得装饰领域绿娇红姹，花密

1　冀勤辑校《朱淑真集注》，页 272，中华书局二〇〇八年。

2　《全宋词》，册五，页 3673。

3　周迪人等《德安南宋周氏墓》，页 7，图一，江西人民出版社一九九九年。按器藏德安
　博物馆，承馆方惠允，得以观摩实物并拍照。

4　《湖南宋元窖藏金银器发现与研究》，图三二。

5　如四川德阳清真寺南宋窖藏中的一支金裹银花筒钗。器藏四川博物院，此为观展所见
　并摄影。

图 21　金花筒簪　蕲春罗州城窖藏

金花帽　蕲春罗州城窖藏

金花帽背面

香稠。罗州城窖藏中的花筒簪，正是这一类中的典型样式之一。而比较四川德阳清真寺南宋窖藏中的一支金裹银花筒钗，似可推知罗州城窖藏中顶端花帽均已脱落的四支花筒簪，原是花筒钗两对，同出的金花帽一对，或即花筒钗的顶端构件（图21）。窖藏金簪各有铭文，可知非一人所制，但纹样工致、饱满，锤錾的功夫稳健精好如出一手，而最以瓶莲题材的几副耳环见出式样设计和制作工艺的斗艳争奇。

《湖北省蕲春县博物馆馆藏宋代金器》一文认为，"这批首饰可能与罗州城两次保卫战有关，而且可能为守城职位较高官员家眷所埋。原因有三：第一，此处窖藏地下为较松软的黄沙和泥土，窖藏完全可深埋，但窖藏实际距地面仅一米左右，说明埋藏时十分仓促，可能是时间来不及；第二，所用盛器为一般陶罐，口用普通陶碗掩盖，说明物主事前并没有精心准备，只是临时找到身边器物来盛装；第三，窖藏出土金首饰近三十件，重达381克，而且绝大部分基本完整，说明物主非普通人，当为官宦家眷"。如果没有更多判明窖藏性质的有力证据，这一推测当可成立，虽然窖藏的目的原本很复杂，为子孙预留遗产，防备兄弟析产而私藏，或作为一种安全可靠的储存手段以备不虞之需，等等，变乱或战乱只是可能的原因之一。罗州城窖藏除却几叶金箔以及"十分赤金"与有铺名戳记的三枚小金牌（此类金牌多发现于杭州、江苏、安徽）之外，均为女子专用而工艺精良的金饰，则此金饰必为闺秀妆奁中的心爱，伊人虽门庭未必显赫，但家饶资财，品位不俗，当可推定。

物中看画：

重读《春游晚归图》

画中读史，画中读诗，原是很传统的一个读画角度，甚至也可以说，画与史本来就是相互因依，即所谓"左图右史"。不过这一传统的工作尚远未完结，新的研究条件、新的学术背景和知识结构，使我们在熟悉的画作中仍能不断有新的发现。

故宫博物院藏《春游晚归图》，横 25.3 厘米、纵 24.2 厘米，绢本设色，收入《中国绘画全集·五代宋辽金》第五册，图版说明曰："此图原载《纨扇画册》。图绘一官员头戴乌纱帽策骑春游归来，数侍从各携椅、凳、食、盒之属后随，正缓缓通过柳荫大道。图中柳干用勾勒填色法，柳叶用颤笔点，于浓密中见层次，简率中见法度，画风近刘松年而又有自我。画面宽阔渺远，充溢着春天的气息。此作一定程度上反映了南宋士大夫的生活情景。无作者款印，钤'黔宁府书画印''仪周珍藏'二印，曾经明黔王府，清人安岐收藏，见《石渠宝笈三编》著录。"[1]

体例所限，图版说明不可能对画作内容考校详审，不过这里约略点到的几件物事，即"椅、凳、食、盒"，命名却有失准确，而这实在关系于宋代典章制度与风俗，必要细读方可解得其实。

不妨尝试以宋人的眼光重新读图：画面右上方一座高柳掩映的城楼，对着城楼的林荫大道入口处是两道拒马杈子。大道中央，骑在马上的主人腰金、佩鱼，手摇丝梢鞭，坐骑金辔头、绣鞍鞯，二人前导，二人在马侧扶镫，一人牵马，马后一众仆从负大帽、捧笏袋，肩茶床，扛交椅，又手提编笼者一，编笼中物，为"厮锣一面，唾盂、钵盂一副"。末一个荷担者，担子的一端挑了食匮，另一端是燃着炭火的镣炉，炭

---

1 中国古代书画鉴定组《中国绘画全集·五代宋辽金》第五册，图九六，浙江人民美术出版社一九九九年。

图 1 《春游晚归图》故宫藏

火上坐着两个汤瓶（图1）。

图中持物的一众仆从，所携均为显宦重臣出行的仪仗法物。其中一个荷担者，挑着的是一副茶镣担子，便是茶汤熟水用器。以政和六年徽宗诏赐蔡京出入金银从物为例，其中属于茶汤器具者有金镀银燎笼一副，汤茶合子二具各匙子全，大汤瓶二只，中汤瓶二只，汤茶托子一十只，好茶汤瓶一只，熟水樶子一只，撮铫一只，汤茶盘各二十只[1]。燎子原是用于烧汤烹茶的炭炉，或又作镣子。宋刻《碎金·家生篇》"铁器"一项列有"撮铫""汤瓶、火镣"，乃平常人家用器。所谓"金镀银燎笼"，与绍兴十五年高宗赐秦桧金银器中的"装钉头笼茶燎子"[2]，应是同样物事，即提携燎子或曰茶燎子的编笼。黑龙江省博物馆藏一幅宋人《卖浆图》，火镣、汤瓶、炭篓、汤盂，图中一一摹绘分明，右下方的一副茶镣担子，镣炉外罩可以提挈的编笼（图2），它如果是金银制品，那么便正是"金镀银燎笼一副"。

汤与熟水都是甘香药材制成的饮料，不同在于汤是预先以几种药草研磨合制为剂，待用时取出以沸水冲点，便类如当日的点茶，故宋人每曰"点汤"。熟水则是先取某一种香草或药材加入沸水，密封制成饮品，如紫苏熟水、豆蔻熟水、沉香熟水，用时再加温[3]。程珌《鹧鸪天·汤词》"何人采得扶桑椹，捣就蓝桥碧绀霜"；史浩《南歌子·熟水》"藻涧蟾光动，松风蟹眼鸣。浓薰沉麝入金瓶。泻出温温一盏、涤烦膺"[4]，各道其要领也。金银从物中的熟水樶子，应即盛放熟水

1　刘琳等校点《宋会要辑稿·礼六二》，册四，页2142，上海古籍出版社二〇一四年。

2　《宋会要辑稿·礼六二》，绍兴十五年十月三日，上遣中使赐太师、尚书左仆射、同中书门下平章事秦桧御书阁牌，曰"一德格天之阁"。就第赐御筵，仍赐金镀银钞锣、唾盂、照匣、手巾筒子、罐子、装钉头笼茶燎子、熟水樶子各一，金镀银汤瓶二，云云。册四，页2150。

3　见元《居家必用事类全集·己集》中的汤方和造熟水法。

4　《全宋词》，册四，页2290；册二，页1284。

图 2 《卖浆图》黑龙江省博物馆藏

的容器，用诗人的话说，则即"浓薰沉麝入金瓶"。可以设想熟水是由榼子倾入铫子，镣子上加热之后，再泻入熟水盂子，即所谓"温温一盏"。魏泰《东轩笔录》卷十一："仁宗尝春日步苑中，屡回顾，皆莫测圣意。及还宫中，顾嫔御曰：'渴甚，可速进熟水。'嫔御进水，且曰：'大家何不外面取水而致久渴耶？'仁宗曰：'吾屡顾不见镣子，苟问之，即有抵罪者，故忍渴而归。'左右皆稽颡动容，呼万岁者久之。圣性仁恕如此。"这一段颂圣的纪事中，仁宗所云"吾屡顾不见镣子"，是一个很关键的细节，其实是省略的说法，即省略了熟水榼子、铫子和盂子。仁宗漫步宫苑，例当有此诸般茶汤熟水用器随侍。司镣炉者，其时俗谓之茶酒司[1]。那么仁宗忍渴而不责问者，即恐茶酒司抵罪也。

《春游晚归图》群从中的手提编笼者，厮锣一面乃侧置，钵盂放在唾盂上边，贴着厮锣的底，于是而有提携之便。如此三事的组合，也见于徽宗诏赐蔡京的金银从物，即"厮锣一面，唾盂、钵盂一副盖全"。

厮锣，或作钞锣，如宋金和议后，宋廷赐金国贺正、贺生辰使人"一百两金花钞锣唾盂子一副"[2]。《东京梦华录》《西湖老人繁盛录》则作沙罗[3]，《武林旧事》又谓之沙锣。程大昌《演繁录》卷一、赵彦卫《云麓漫钞》卷九于此物均有考校。前者曰厮锣即盆，只是"中国古固有盆矣，皆瓦为之"，后世以黄、白二金锻铸为盆而名作斯罗，乃缘自它初始系由新罗来，因新罗一名斯罗，"而其国多铜，则厮者，斯声之讹者也"[4]。后者曰："今人呼洗为沙锣，又曰厮锣。国朝赐契丹、西夏使人，皆用此语"，而考其语源是来自军中。且不论它的命名由来，总之厮锣或曰沙锣、钞锣[5]，原都是为了别于瓦盆而特指铜水盆，《东京梦华录》将"银铜沙罗"与"好盆器"并举，正是见出区别。朝鲜李朝官修《高丽史》记录遣使进奉宋廷诸物中有金鐁锣[6]，绍兴二十六年交趾进奉贺昇平物有"一百二十两数金盘龙沙锣二面"[7]，也都

1　《东轩笔录》卷一："艺祖、太宗及节度使武行德共乘小艇，游于城下，艇中惟有一卒司镣炉，世谓之茶酒司。"

2　《宋会要辑稿·礼六二》曰：绍兴十三年十二月二十七日，"金国遣完颜晔、马谞等来贺。是年和议方定，始令有司立每年金国贺正、贺生辰使人锡赉格目。到阙，使一百两金花（钞）〔金〕钞锣唾盂盂子一副；副使八十两金花银钞锣唾盂盂子一副。"册四，页2149。

3　《东京梦华录》卷十记十二月事，曰："初八日，街巷中有僧尼三五人作队念佛，以银铜沙罗或好盆器，坐一金铜或木佛像，浸以香水，杨枝洒浴，排门教化。"《西湖老人繁盛录》曰：佛生日"诸尼寺僧门卓上札花亭子并花屋，内以沙罗盛金佛一尊，坐于沙罗内香水中，扛台于市中，宅院铺席诸人浴佛求化"。

4　其时高丽铜之有名，也可见《百宝总珍集》卷六"手磬"条冠于说明文字之前的口诀："手磬无论大与小，要好除非高丽铜。"

5　狩谷掖斋《笺注倭名类聚抄》卷四《器皿部·金器》"钞锣"条："《唐韵》云：钞锣，铜器也。"笺注考证其语源引述甚详，文长不录，末引清姜宸英《湛园札记》云：钞锣，吾乡名铜面盆为钞锣（全国书房版，一九四三年）。姜宸英乃慈溪人。

6　《高丽史》卷九曰文宗二十六年，"金悌还自宋，帝附敕五道"，其四是详细列出收到的进奉诸物，中有"金鐁锣一只，重一百五十两"。《高丽史》（标点校勘本），页242，西南师范大学出版社等二〇一四年。此即神宗熙宁四年事，《宋会要辑稿·蕃夷七》亦载高丽国遣使金悌奉表进物（册十六，页9956），但未列物品详目。

7　《宋会要辑稿·蕃夷七》，册十六，页9966。

图 3 《新编对相四言》

图 4 银鎏金双鱼盆 南宋播州土司杨价
夫妇墓出土

是同器异称。作为官宦出行时随侍的盥洗用器，为铜，为银，为金，因此宋人呼作厮锣而不称盆器。这种称呼上的区分到了宋以后才有所改变，——以宋本元刊为基础的明刊《新编对相四言》，与交椅、罣罳、凉伞列在一起的有"水盆"[1]（图3），实即对应于南宋刻本《碎金·家生篇》"公用"一项中的"交椅、厮罗""凉伞""罣罳"。金银从物以及作为礼品的厮锣以银制为多，重量每在百两以上，可以推知尺寸不小。南宋播州土司杨价夫妇墓出土银鎏金双鱼盆一面，口径逾60厘米[2]（图4），应即"厮锣"之属。

与厮锣一面构成一组盥洗用器的"唾盂、钵盂一副"，则用于清理口腔，钵盂漱口，唾盂承接漱口水。河南荥阳淮西村宋墓墓室北壁下部右侧壁画中的奉物女侍，其一所奉似即唾盂、钵盂一副[3]（图5）。故宫藏李嵩《骷髅幻戏图》，骷髅身边一副担子，担子两端各一个编制的提匣，提匣梁上斜拴着席一卷，葫芦一个，又执壶一、盒二。另一端有雨伞一柄，包袱三个，提梁上又拴了一个提笼，清楚透见提笼里是侧置的盆亦即厮锣一面，又唾盂、钵盂一副，并且与《春游晚归图》所绘相同，便是"盖全"（图6）。浙江东阳金交椅山宋墓出土银盂一、银唾盂一，前者口径9.7厘米，后者口径17.2厘米，均光素无纹，底部各有铭曰"樊二郎"[4]。两器当是配合使用的唾盂、钵盂一副（图7、图8）。

图 5 河南荥阳淮西村宋墓墓室壁画

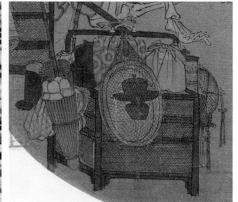

图 6 《骷髅幻戏图》局部 故宫藏

图 7 银钵盂 浙江东阳金交椅山宋墓出土

图 8 银唾盂 浙江东阳金交椅山宋墓出土

1　美国哥伦比亚大学史带东亚图书馆藏，上海书店出版社二〇一五年影印。此书与锅、甑等炊器列在一起的另有"盆"。

2　周必素等《贵州遵义新蒲杨氏土司墓群考古取得新收获：发现南宋播州"土司"杨价夫妇墓》，《中国文物报》二〇一四年八月二十二日。

3　徐光冀《中国出土壁画全集·5》，页184，科学出版社二〇一二年。

4　吕海萍《东阳金交椅山宋墓出土文物》，图十、图十三（此称之为"银碗"），《东方博物》第三十九辑（二〇一一年）。镇江五洲山宋墓随葬品中有齐整的一副铜器：铜唾盂、铜钵盂带盖、铜盆。镇江博物馆《江苏镇江五洲山宋墓发掘简报》，页56，图六至图八，《文物》二〇一五年第五期。按铜钵盂带盖，简报称作"盒"。

图 9　南宋虞公著夫妇合葬墓西墓室西壁出行图拓本　　　　图 10　南宋虞公著夫妇合葬墓西墓室东壁备宴图拓本

　　《春游晚归图》中的茶床与交椅自然也属于仪仗法物。皇太后驾出从物中有"御燎子、茶床"[1]。执政大臣以及翰林学士也是如此，周必大《玉堂杂记》卷下曰：翰林学士"禁门内许以茶镣担子自随，与执政等"。前引《碎金》"公用"一项与厮罗、凉伞、罨罳并列的有"交椅"。诸物也见于四川彭山县亭子坡南宋虞公著夫妇合葬墓西墓室享堂东、西两壁的浮雕出行图和备宴图。西壁出行图以一乘暖轿为重心，两边仪仗煊赫，中有负交椅者一。他的下方一位侧身者手挽一件圜器的口沿，不必说，此器正是厮罗。旁边一人手捧水罐，也是《碎金》"公用"一项列举之物，当是与厮罗配合使用（图9）。东壁备宴图的下方，一边是茶镣担子，另一边为形制小巧的茶床，上置带托子的茶盏（图10），东、西两壁内容相互呼应。公著是左丞相忠肃公虞允文次子，以父荫补承事郎，历官至中奉大夫知渠州军州兼管内劝农使，封仁寿县开国男，食邑三百户，赐紫金鱼袋。公著的妻子为丞相卫公留正之女[2]。不过《春游晚归图》中的交椅更有一个特别之处，即靠背上端连着一柄荷叶托，王明清《挥麈录·三》卷三记此物创制之原委道："绍兴初，梁仲谟汝嘉尹临安。五鼓，往待漏院，从官皆在焉。有据胡床而假寐者，旁观笑之。又一人云：'近见一交椅，样甚佳，颇便于此。'仲谟请之，其说云：'用木为荷叶，且以一柄插于靠背之后，可以仰首而寝。'仲谟云：'当试为诸公制之。'又明日入朝，则凡在坐客，各一张易其旧者矣，其上所合施之物悉备焉，莫不叹服而谢之。今达宦者皆用之，盖始于此。"这里值得注意的一点尚在于"今达宦者皆用之"。《挥麈录》之第三录成于庆元元年，可作为文中之"今"的参考年代。

茶床，茶汤熟水用器齐备的一副茶镣担子，又用于盥洗的斯锣一面，唾盂、钵盂一副，且有插着荷叶托的一具交椅，《春游晚归图》中，可谓出行仪物色色全。除此之外，尚有标识身分地位的服章，便是主人的"重金"与"重戴"。重金，乃腰金、佩鱼；重戴，则仆夫所负之大帽也。

腰金、佩鱼，即金带上面更悬垂一副金鱼袋。鱼袋原是从唐代的鱼符制度而来[3]，高承《事物纪原》卷四"章服"条："唐车服志曰：高祖初入长安，罢隋竹使符，班银菟符，后改铜鱼，贵贱应召命，随身，盛以袋。三品已上饰以金，五品已上饰以银。开元时，中书令张嘉贞奏致仕官佩鱼终身，自是赏绯、紫者必以鱼，谓之章服。"同书

1　见英宗治平元年所定仪制，《宋会要辑稿·舆服一》，册四，页2173。

2　四川省文物管理委员会、彭山县文化馆《南宋虞公著夫妇合葬墓》，页393，图一二；页394，图一三，《考古学报》一九八五年第三期。虞公著卒于南宋理宗宝庆二年，其妻卒于宁宗庆元五年。

3　关于唐代佩鱼的详细考证，见孙机《说"金紫"》，载《中国古舆服论丛》（增订本），文物出版社二〇〇一年。

图 11　鱼袋之"饰鱼"浙江兰溪
市灵洞乡宋墓出土

图 12　鱼袋之"饰鱼"常州武进
村前乡南宋墓一号墓出土

鱼袋之"饰鱼"正面

鱼袋之"饰鱼"背面

卷三"鱼袋"条："宋神宗熙宁末，亲王又赐玉鱼以副金带，金鱼以
副玉带，以唐礼也。韩文公之诗曰'不知官高卑，玉带悬金鱼'是也。"
不过宋代虽仍沿袭唐制，却是只存其形，而无其实，即鱼袋已经没有
袋子，自然也没有原是装在袋子里的鱼符。程大昌《演繁录》卷十六
"鱼袋"条考唐鱼符及鱼袋制度始末之后曰，"今之鱼袋虽沿用唐制，
但存形模，全无其用。今之用玉、金、银为鱼形附著其上者，特其饰
耳。今用黑韦方直附身者，始是唐世所用以贮鱼符者"。而唐之鱼袋，
袋中实有符契，乃用于合验以防诈伪，"本朝命令多用敕书，罕有用契，
即所给鱼袋特存遗制以为品服之别耳。其饰鱼者，固为以文，而革韦
之不复有契，但以木楦满充其中，人亦不复能明其何用何象也"。

　　以此检视宋墓出土器具，可知出自浙江兰溪市灵洞乡宋墓的一枚
拱形鱼纹金饰件[1]（图11），便是鱼袋上面的"饰鱼"，亦即程大昌所云
两宋鱼袋制度的"用玉、金、银为鱼形附著其上者，特其饰耳"。常

州武进村前乡南宋墓一号墓出土与此形制相同的两枚涂金银饰件，器表同样是水波中的一对游鱼，自然也是鱼袋上面的"饰鱼"（图12）。同出又有"革带"，"长19.2厘米，革面列银质鲤鱼，革带背面衬长方木片为托，木片一侧也列有两件银质鲤鱼"[2]。此"革带"，便是程大昌所言"今用黑韦方直附身"的鱼袋，恰是所谓"革韦之不复有契，但以木楦满充其中"。那么这一枚"革带"与鱼纹银饰两枚，正是完整的一副宋制鱼袋或曰"佩鱼"。参照福州茶园山南宋端平二年墓出土木仿真带銙与鱼袋[3]（图13），其形制更可见得明白。《春游晚归图》中的骑乘者，一腰排方金銙下隐隐露出红鞓，腰间侧后且有纵向悬垂的一节，却是红鞓上凸起两枚拱形金饰，与前举出土实物一般无二，宋人词曰："宝带垂鱼金照地"（张先《偷声木兰花》），也正是这般情形。如此，这是难得的一幅宋人腰金佩鱼亦即"重金"的图像了。

图13　木仿真鱼袋　福州茶园山南宋端平二年墓出土

1　兰溪市博物馆《浙江兰溪市南宋墓》，图版八：3（此称作"金佩饰"），《考古》一九九一年第七期。

2　陈晶等《江苏武进村前乡南宋墓清理纪要》，页256～257，《考古》一九八六年第三期。同墓出土尚有牙笏，又带銙及一枚涂金银带扣，带扣其表以及扣环的细窄之侧面均满錾銙路纹。关于墓主人，发掘简报推测是官至副相的毗陵公薛极的亲属，因为"这座墓葬虽然按时间排比，与薛极的卒年接近，但按随葬品的服制还难以推断这一墓葬便是薛极之墓"。其实一号墓出土的牙笏、毬路带扣与佩鱼即所谓"重金"，正与薛极的身分地位相符，只是皆为银质。或是同于福州茶园山南宋端平二年墓的以木仿真，此则以银代之。

3　福州市文物管理局《福州文物集粹》，图八五，福建人民出版社一九九九年。本篇照片为观展所摄。

佩鱼通常是与服绯服紫并连,是所谓"章服"[1],即服紫、佩金鱼袋;服绯,佩银鱼袋。只是佩鱼之赐更为严格,故"重金"尤为热衷者想望。江少虞《宋朝事实类苑》卷二十五《官职仪制》"赐金带"条:"国朝,翰林学士得服金带,朱衣吏一人前导。两府则朱衣吏两人,金笏头带佩金鱼,谓之重金。居两制久者,则曰:'眼前何日赤,腰下甚时黄?'处内廷久者,又曰:'眼赤何时两,腰金甚日重?'"

重金又每与重戴相并,《锦绣万花谷》卷二十四即作"重金叠盖",曰:"重金谓金带上垂金鱼,叠盖谓重戴(退朝录)。国初两制出入皆重戴。"所引退朝录,即北宋宋敏求撰《春明退朝录》,该书卷下:"本朝两省清望官、尚书省郎官,并出入重戴。"重戴即大帽,北宋高承《事物纪原》卷三"大帽"条:"大帽,野老之服也,今重戴,是本野夫岩叟之服,……宋朝淳化初,宰相、学士、御史、北省官、尚书省五品已上,皆令服之,今唯郎中、台谏服之。"《宋朝事实类苑》卷二十五"重戴"条则称作"大裁帽"。叶梦得《石林燕语》卷三释重戴,又云有席帽与裁帽之别,二者形制不同。至于重戴的称名之始,原是因为出行有伞,而又服帽,故曰"重戴",《锦绣万花谷》所云"叠盖",也是此意[2]。

图中的主人公有重金、重戴之威重,而红鞓也不是庶官可以用得[3],负大帽者且手捧笏袋,坐骑金辔头、绣鞍鞯,更不是没有来历[4],丝梢鞭一柄亦非随意可执[5]。马侧有二人扶镫,一人牵马,马头旁边一人持缰,此即控马卒[6]。马后群从侍奉各种仪物,已如前述。所有这一切都显示着此乃"尊者之出"[7]。主人公须发苍然,如果年高如此尚只是翰林学士或中书舍人即所谓"两制",则实在无足夸耀,那么此为身居高位者当可推定。

最后再来看《春游晚归图》中的两道拒马杈子,它在图中也非闲笔。拒马杈子,杈,也或作叉,又称梐枑、梐拒、行马,乃木制的活动路障,便是置于衙署府第等大门外阻拦人马的警戒设施,使用于不同地点的叉子，每以不同的漆色相区别[8]。孟元老《东京梦华录》卷一"大内"条曰："大内正门宣德楼列五门，……下列两阙亭相对，悉用朱红叉子。"又同书卷二"御街"条曰："坊巷御街，自宣德楼一直南去约阔二百余步，两边乃御廊，旧许市人买卖于其间；自政和间官司禁止，各安立黑漆杈子，路心又安朱漆杈子两行，中心御道不得人马行往，行人皆在廊下朱杈子之外。"李诫《营造法式》卷八《小木作制度》有造"拒马叉子"和"叉子"之制，按照这里的说法，二者形制尚有不同，区别在于前者的木棂子只是在上方一木横中的"穿心串"或曰"上串"中交斜相向，后者则除却上串外还有下串和望柱，木棂子便是与上串和下串交互相接而式如栅栏。《春游晚归图》中的行马自属前者，即拒马杈子。天津博物馆藏张择端《金明池争标图》，

1　参见《宋会要辑稿·舆服六》"鱼袋"一节（册四，页2292）。

2　不过《宋史·舆服五》另有说曰："所谓'重戴'者，盖折上巾又加以帽焉。"

3　王栐《燕翼诒谋录》卷一："旧制中书舍人、谏议大夫权侍郎，并服黑带、佩金鱼。霍端友为中书舍人，奏事，徽宗皇帝顾其带问云：何以无别于庶官？端友奏：非金玉无用红鞓者。乃诏四品从官改服红鞓、黑犀带、佩金鱼。"

4　《宋朝事实类苑》卷二十五"赐鞍辔"条："鞍辔，除乘舆服，黄金、白玉、雕玉、玳瑁、真珠等鞍，垂六鞘辔，有三颔，诸王或赐金鞍者得乘之。宰相、使相赐绣宝百花鞯，八十两闹装银裹衔镫。参政、副枢、宣徽、节度使、驸马，绣盘凤杂花鞯，七十两陷银衔镫。"此所谓"陷银"，即嵌银丝。又《能改斋漫录》卷十八："章郇公初入枢府，以所赐鞍绣文疏略，命市工别绣之。既就来上，视其花乃宰相所用，不旋踵遂大拜。"章郇公即章得象。

5　《梦溪笔谈》卷二《故事二》："执丝梢鞭入内，自三司副使以上。"参见《宋会要辑稿·仪制五》所录庆历七年侍御史知杂事李柬之关于执丝鞭的奏言（册四，页2387～2388）。

6　《梦溪笔谈》卷九记王旦逸事云："王文正公有控马卒岁满辞公，公问：'汝控马几时？'曰：'五年矣。'公曰：'吾不省有汝。'既去，复呼回曰：'汝乃某人乎？'于是厚赠之，乃是逐日控马，但见背，未尝视其面，因去，见其背方省也。"王旦在真宗朝为宰相，秉政甚久。

7　宋《异闻总录》卷四："吕文靖公宅在京师榆林巷，群从数十。遇时节朔望，则昧旦共集于一处，以须尊者之出。"（周勋初等《宋人轶事汇编》引，页681，上海古籍出版社二〇一四年）吕文靖公即吕夷简。

8　王去非《释行马》，页79，《文物》一九八一年第八期。

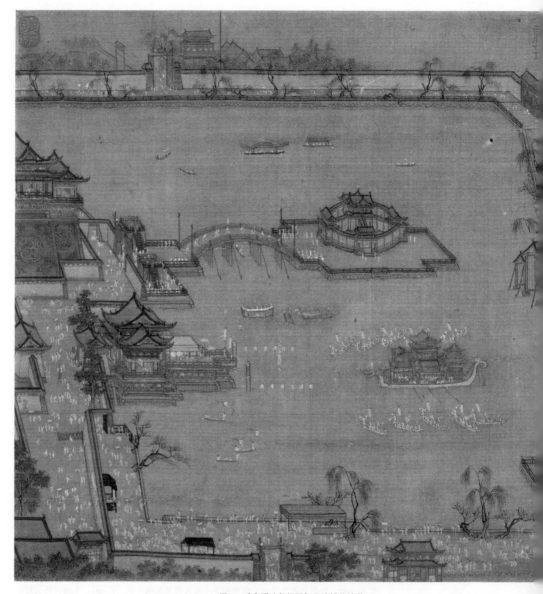

图 14 《金明池争标图》天津博物馆藏

《金明池争标图》局部

金明池东南角墙外，一座横跨顺天门外大道的牌楼，上书"琼林苑"三个大字，牌楼对着的大道道口，所设行马则即叉子[1]（图14）。南宋临安此制犹然。吴自牧《梦粱录》卷八"大内"条说道：大内正门曰丽正，左右列阙，"登闻鼓院、检院相对，悉皆红杈子"；又曰：内后门名和宁，与丽正同，把守卫士严谨，"阁子左右排红杈子"。《春游晚归图》中绿荫深处的一座城楼固难推定是何等所在，但所绘两边设置拒马杈子的大道，应该不是寻常街衢。

"春游晚归"未知是何人为此图命名，它原不过尺寸很小的一幅册页，或可称作小品画。作画者的用心处似不在笔情墨韵和意境，却是在尺幅之间将有关画面主人公身分地位的器用服饰一丝不苟摹写备细，人物的意态姿容和面貌也颇类写真之笔，虽然不宜遽断此是应某公之请绘就的一幅"传神"（这本来也是宋代流行的做法），但以它对当代风物的描绘真确，实在不能不教人暂且离开艺术欣赏的驻足处，从考校名物制度入手，在图像、文献与实物的契合之间获取新的认知。

1 《天津博物馆藏绘画》，图二，文物出版社二〇一二年。按此图绢本设色，纵横均不足一尺，乙未仲秋承馆方惠允，得以观摩真迹而认清上述细节。

吕师孟夫妇墓出土金银器细读

苏州虎丘山北元吕师孟夫妇墓出土金银器，是很有名的一批，也是人们久已关注的实例，不过相关讨论似集中于做工和纹饰，器物的名称与用途则涉及不多。癸巳初冬往南京博物院观展，得以近距离观摩，虽然尚非全部，但毕竟主要物品已展示在面前，因略有一点"读物"之心得。

吕师孟墓发现于一九五九年[1]。墓的建筑结构很简单，随葬的金银器却有数十件。据简报，金器类有：（一）金条七根；（二）金碗一，高 3.4 厘米，口沿有铭，曰"元闞足色金"；（三）金盘二，一大一小，形制相同，小者已残，大者完好；（四）金鸡心形饰物二片；（五）金带饰十枚。银器类有：（一）八棱银果盒一，失盖，高 10.3 厘米，器底有铭曰"闻宣造"；（二）银渣斗一；（三）银扁盒一，高 3.6 厘米，直径 15 厘米；（四）银圆盒二；（五）梅花银盒一，通高 4.8 厘米；（六）小银盒一，通高 5.3 厘米；（七）银水盂一，柿叶为盖，系水勺，通高 4.5 厘米；（八）银尊一；（九）银匙二；（十）银锭十个。

墓主人名吕师孟，生于端平元年，卒于元大德八年。其妻卒于元皇庆二年，延祐二年入葬。师孟系宋末元军攻打襄阳时候的襄阳守将吕文焕之侄，文焕降元[2]，引元兵南下，德祐元年十二月师孟以兵部尚书之职使元求和，文天祥《指南录后序》痛斥之"吕师孟构恶于前"，即其事。元平江南，师孟赴大都，得授嘉议大夫、漳州路总管行淮东

1 江苏省文物管理委员会《江苏吴县元墓清理简报》，页 19～24，《文物》一九五九年第十一期。

2 元刘壎《隐居通议》卷十："诸吕家于江州，仕宋累朝，穷富极贵，中外鼎盛。及北兵至，自文焕而下，相率纳降，无一人抗节报国。其后有题诗于琵琶亭者，一日吕老见之挥泪。其诗曰：'老大蛾眉负所天，尚留余韵入哀弦。江心正好看明月，却抱琵琶过别船，'……或云燕五峰右丞偕龙麟洲谒吕文焕，酒酣，命麟洲赋诗，以琵琶亭为题，麟洲赋此讥之，吕老纳赂请改，既而好事者流传。"

道宣慰副使，遂"归卧吴中，隐处二十有六年"，——《故宣慰嘉议吕公墓志铭》。出自墓葬的这一方墓志，系方回撰文。方回宋景定间登第，曾知严州，入元，授建德路总管，于墓主降元一节，自有腾挪转圜之词。结末铭曰"周鼎维新，箕微并命，不易初服，归我沂咏"，以是而完墓主之行藏。吕氏家族时为富室，元杨瑀《山居新话》卷四："江西吕道山师夔，至元间分析家私作十四分，本家一分，朝廷一分，省官一分，尊长吕平章文焕一分，亲戚馆客一分。每分金二万两，银十万两，玉带十八条，玉器百余件，布二十万匹，胆矾五瓮。只此是江州府库见管，鄂州他处者又不预焉。以此观之，石崇又何足数也。"[1]吕师孟墓随葬金银器不仅数量多，且颇有制作精好之器，自然也缘自家资殷实。

与宋元墓葬或窖藏出土金银器的基本情况相同，吕氏夫妇墓所出金银器也可大致别作两类，即一为食具，一为饰品。

一

食具类，最为人称道的一件，便是"闻宣造"如意纹金盘。如前引简报，金盘原有一大一小形制相同的两个，当年刊载清理简报的一期《文物》，即以金盘之大者用作封面照片，人们的目光也始终聚在保存完好的这一件。它的做工之精，此前已经讨论很充分，但金盘的用途，似乎很少被人提及。今得亲睹实物，因以为此盘应是一具承盘，而与同墓出土的另一件造型与纹样均相一致的"金盘"之小者合为一副，即盘盏一副[2]（图1），这是酒器中的一种固定组合。而所谓小金盘，其实是盏。承托金盏之盘若单称，则可呼作杯盘，又或盏台、盏托[3]。表明名称与用途的标志，则即盘心略略突起且与盘之造型相同的小浅

图 1 金盘盏一副·盘 江苏苏州虎丘山 北元吕师孟夫妇墓出土

金盘盏一副·盏

台。杯与盘为固定组合的标识，便是二者造型与纹样或相一致，或彼此呼应。这一副自是属于前者。与此相类的宋元实例可以举出很多，金银制品已不算少，瓷器就更多，并且一直沿用至明清[4]（图2）。

作为盘盏一副的盘与盏，造型或圆，或椭圆，或八方，或取式于象生花，总之是以新异争胜。吕师孟墓出土盘盏一副的造型为四合如意，这是以后明清格外流行的纹样，不过此际它的设计意匠当是同时代装饰图案的化用。北京崇文区元斡脱赤墓出土景德镇窑青白釉玉壶春瓶，瓶身用连珠勾出四个如意，寿山福海四个字交错其间[5]（图3）。河北保定市永华南路小学出土一件海水龙纹青花长瓶，长瓶肩部四个开光，两两为对，开光内分别是麒麟和凤凰，空白处满布缠枝莲花[6]（图4）。将金盘与瓷瓶同看，可见金盘的造型适同于瓷瓶肩部纹样的

1　《笔记小说大观》第十一册，江苏广陵古籍刻印社一九八三年影印本。
2　吕师孟墓出土金银器，本书照片均为参观所摄。
3　见《新刻增校切用正音乡谈杂字大全》，中国社会科学院历史研究所文化室《明代通俗日用类书集刊》第十五册，西南师范大学出版社等二〇一一年。此虽明末刻本，但杯盘、盏台、盏托，原是习用已久的名称。
4　如故宫博物院藏清金錾缠枝莲杯盘一副，杯盘造型一致，俱以缠枝莲为饰，口沿均錾回文。此为观展所见并摄影。
5　今藏首都博物馆，此为参观所见并摄影。
6　今藏河北博物馆，此为参观所见并摄影。

新编
終朝采蓝
上

图2　金錾缠枝莲杯盘一副 故宫藏

图3　景德镇窑青白釉玉壶春瓶 北京崇文区元斡脱赤墓出土

图4　海水龙纹青花长瓶 河北保定市永华南路小学出土

俯视展开图，四个如意中的图案布置以及缠枝花的样式，金盘与青花瓶也是意趣相同。金盘之好，特在于利用材质的优势，以打制之工完其形，以錾刻之工丽其饰，当然更是以设计之巧使得此器功能与艺术合一而达于至美。盏台的功用为承托酒盏，自以不使酒盏滑落为要，盘心的浅台原是因此而设，此盘除浅台之外且有如意四合，便更见稳妥。如意打制为起伏的轮廓，金盘的遍身花枝于是益发流光照灼。与它合为一副的金盏虽然是同样的造型与纹样，却好像被金盘的出色而"喧宾夺主"了。

同样有铭曰"闻宣造"者，是一个金花银菱花式果盒，即简报所云"八棱银果盒"。工出一人之手，同时打造自然也极有可能。盒以一个浅盘分作上下两层，但出土时盖已不存，今所存下层部分高 10.2 厘米，腹径 25.5 厘米，盒身分布鎏金折枝小簇花，浅盘中心则是一大窠鎏金鸾凤（图5）。果盒以及果盒的菱花式造型，都流行于宋金元时期，元代实例，即可举出江苏江阴申港张家店元墓出土福禄寿三星银鎏金果盒[1]（图6），合肥市小南门孔庙旧基元代窖藏中的银果盒[2]（图7）。

图 5　金花银菱花式果盒　　　　图 6　福禄寿三星银鎏金果盒　　　图 7　银果盒 安徽合肥市
吕师孟夫妇墓出土　　　　　　　江苏江阴申港张家店元墓出土　　　小南门孔庙旧基元代窖藏

当然这一类果盒在唐代就已经出现，比如镇江丹徒丁卯桥晚唐银器窖藏中的银金花双凤衔枝纹果盒。

　　果盒每与饮酒之具构成组合，盒内置各式细巧茶食，常是宴饮所备。《梦粱录》卷六《除夜》一节曰：是日，"内司意思局进呈精巧宵夜果子合，合内簇诸般细果、时果、蜜煎、糖煎及市食，如十般糖、澄沙团、韵果、蜜姜豉、卓儿糕、蜜酥、小螺酥、市糕、五色箕豆、炒槌栗、银杏等品"。哈尔滨市阿城区出土一件金代金花银果盒，盖面即以一幅宴饮图为饰，好似自表用途一般。银盒也是分作上下两层，中间一个金花银浅盘为屉，盘心是鎏金的一把莲。银盒下层立墙四个开光，间以折枝菊花和山茶，开光内錾刻山水人物。盖面宴饮图的下方是池塘一角，水边雕栏几曲，傍栏数丛萱草发花正旺，椿树下边是坐在交椅上的主人，方竹簟上一个团花圆毯，女伎屈身抛袖，飞起的飘带见出旋舞之一瞬。左侧乐班击鼓者一，吹箫、吹笛、吹笙、击拍板者各一。主人身后筵席已备，玉壶春瓶的左边酒盏一、盆式酒樽一，其旁一个带盖酒瓮，边上一个香炉。玉壶春瓶之右摆着果盘，盘里三

1　通高 13.7 厘米、口径 20.8 厘米，下有矮矮的圈足。江阴博物馆《江阴文物精华》，页132，文物出版社二〇〇九年。本书照片为观展所摄。
2　今藏安徽省博物馆，此为参观所摄。

图 8　金花银果盒 哈尔滨市阿城区出土　　　　　　　　　　　　金花银果盒盖面局部

　　五个大桃 [1]（图 8）。饮酒作乐之况以及筵席用器，以此一一见得分明。

　　金盘盏一副、金花银果盒一具之外，银匙两柄、银渣斗一个，也都是筵席当备之器。又一个"元闕足色金"的金碗（图 9），当是饮具。此"碗"底平无足，实应名作金盂。慧琳《一切经音义》卷一百"铜盂"条："《方言》：无足碗谓之盂。"又卷八十九"盂盛酪"条："《方言》：碗谓之盂。碗之大而无足者是。"法门寺地宫出土自铭"金钵盂"者正是平底无足之器 [2]。宋元与唐相承，所谓"钵盂""盂""马盂"，均为平底容器，那么把金银器皿中的平底碗名作"盂"，应与当时人的称名大体一致。盂的用途早期并不固定，可饭，亦可酒，唐五代以来，大约多用作酒具 [3]。金银酒盂以光素无纹者居多，如四川德阳孝泉镇宋代窖藏中的银盂 [4]（图 10），如合肥市小南门孔庙旧基元代窖藏中的金盂 [5]（图 11）。稍加点缀的例子，有新安海底元代沉船中的一只"王九郎"银盂，银盂内底心铭文旁边錾刻一茎折枝莲花 [6]（图 12）。

二

　　金银饰品，见出地位等级者，自然是金带铐和金帔坠，前者属于

图9 "元關足色金"金盂 吕师孟夫妇墓出土

图10 银盂 四川德阳孝泉镇宋代窖藏

图11 金盂 安徽合肥小南门孔庙旧基元代窖藏

图12 "王九郎"银盂 出自新安海底元代沉船

男主人，后者属于女主人。其中的金荔枝带铐（图13），当是宋物，江西遂昌县北宋郭知章墓出土完整的金荔枝带铐一副[7]（图14），可资比较。

金帔坠，即简报所云"鸡心形饰物二片"，此为女主人霞帔下端所系之物，帔坠之表，下方是宋元流行的"满池娇"，上方又添一个"转官毬"[8]，简报所谓"缕雕百结鸳鸯和莲叶"，即此（图15）。这一枚金帔坠，也是宋代式样。另外几件造型别致尺寸不大的小银盒、小银罐，应是女主人妆匣中的用具。其中一个银盖罐取柿子为形，顶上一个弯柄的小盖做成柿蒂，柿蒂下边连一个小勺，连盖高4.5厘米，便是简报所称"银水盂"（图16）。类同的实例，也见于浙江湖州三天门南宋墓[9]

1 今藏金上京历史博物馆，此为观展所见并摄影。
2 陕西省考古研究所等《法门寺考古发掘报告》，图一三一，彩版一七三：2，文物出版社二〇〇七年。
3 徐锴《说文解字系传·皿部》："盂，饮器也。"
4 沈仲常《四川德阳出土的宋代银器简介》，页51，图九，《文物》一九六一年第十一期。器藏四川博物院，此为观展所摄（王楠摄影）。
5 器藏安徽博物馆，此为参观所摄。
6 此为参观《大元帆影》展所见并摄影。
7 今藏江西省博物馆，本书照片系观展所摄。
8 关于满池娇金帔坠及转官毬银鎏金帔坠的考证，见扬之水《奢华之色：宋元明金银器研究》卷一，页166～170，中华书局二〇一〇年。
9 湖州市博物馆《浙江湖州三天门宋墓》，页43，《东南文化》二〇〇〇年第九期。

图 13　荔枝纹金带銙 吕师孟夫妇墓出土

图 14　金荔枝带銙 江西遂昌县北宋郭知章墓出土

图 15　满池娇纹金帔
坠 吕师孟夫妇墓出土

（图 17）、安徽六安花石咀二号墓[1]（图 18），又苏州吴张士诚母曹氏墓[2]
（图 19）。出自六安的一件通高 5 厘米，小口，鼓腹，周身镌刻萱草、芙蓉、
秋葵、栀子等花样，其上扣合平顶覆斗式盖，盖内中心焊接一个小勺。
出自曹氏墓的一大一小两只银罐，原置于银奁盒中，小的一只，盖下
也连着一柄小勺。南宋刻本《碎金·家生篇》"妆奁"一项列举的物品，
有"油瓯"一事。瓯，通缸，则即油缸。以此家居日用小百科中的器
物名称为参照，把宋元妆奁盒中这一类带勺的小银罐认作油缸，当无
不妥。梳妆用油，可别作两种，其一面油，其一头油。前引《碎金·服
饰篇》"梳洗"条列着"面油、漆油"，而《碎金》永乐本《服饰篇》"梳
洗"一项则是"面油，省头木犀油"，"省头木犀油"自是用作固定发
型且彰显光亮的头油，可据以推知南宋刻本所谓"漆油"，不外此类。
面油是膏油，无须用勺舀取，那么油缸所盛，当是头油。

图 16　柿子形银盖罐 吕师孟夫妇墓出土

图 17　油缸（摹本）
浙江湖州三天门南宋墓出土

图 18　油缸 安徽六安花石咀二号墓出土

图 19　银套内的银盖罐 江苏苏州吴张士诚母
曹氏墓出土

　　总之，不论食具、饰品抑或闺房用物，吕师孟夫妇墓出土金银器
虽然都是宋元时代的流行式样，但因构思新巧、技艺圆熟而得以驭灿
然之材逞清俊之气，风流秀曼，非俗工可及也。

1　安徽六安县文物工作组《安徽六安花石咀古墓清理简报》，页 919，图版八：6，《考古》
　　一九八六年第十期；《皖西博物馆文物撷珍》，页 180，文物出版社二〇一三年。按后者
　　定墓葬时代为元，不过同墓所出四支金钗以及银饰"孟家蝉"，却是典型的南宋样式。
　　其实金银器的使用时间是可以延续很久的，油缸也是如此。器藏皖西博物馆，本书照片
　　系观展所摄。
2　今藏苏州博物馆，本书照片系观展所摄。